TABLEAUX

DE

GÉOGRAPHIE

PAR

MM. MEISSAS ET MICHELOT

OUVRAGE AUTORISÉ PAR LE CONSEIL DE L'INSTRUCTION PUBLIQUE

Troisième Édition

PARIS
LIBRAIRIE DE L. HACHETTE ET CIE
RUE PIERRE-SARRAZIN, N° 14

TABLEAUX DE GÉOGRAPHIE,

Par MM. Meissas et Michelot.

NOTIONS GÉNÉRALES.

1. La *géographie* est la description de la terre.

2. La *terre* est ronde, elle a la forme d'un globe ou d'une boule immense. L'eau couvre une grande partie de sa surface.

3. Pour déterminer la position des différentes parties de la terre, on a imaginé quatre points, qu'on appelle *points cardinaux:* ce sont le *levant,* le *couchant,* le *nord* et le *midi.*

Le levant est le point où le soleil se lève.

Le couchant est le point où le soleil se couche; il est opposé au levant.

Le nord est le point qu'on a devant soi, quand on a le levant à sa droite et le couchant à sa gauche. Le midi est le point opposé au nord.

Sur les cartes ordinaires le levant est à droite, le couchant à gauche, le nord en haut et le midi en bas.

Le levant s'appelle aussi *est* ou *orient;* le couchant, *ouest* ou *occident;* le nord, *septentrion;* et le midi, *sud.*

On suppose quatre points collatéraux entre les points cardinaux; ce sont: le *nord-est,* entre le nord et l'est; le *nord-ouest,* entre le nord et l'ouest; le *sud-est,* entre le sud et l'est; le *sud-ouest,* entre le sud et l'ouest.

4. La terre est divisée en cinq parties, qui sont: l'Europe, l'Asie, l'Afrique, l'Amérique et l'Océanie. On les appelle les cinq parties du monde.

5. On appelle *continents* les plus vastes étendues de terre qu'on puisse parcourir sans traverser la mer.

Il y a deux continents. L'Europe, l'Asie et l'Afrique forment l'ancien continent. L'Amérique forme le nouveau continent.

6. On donne le nom d'*Océan* ou de *Mer* à la vaste étendue d'eau salée qui couvre la plus grande partie du globe. On appelle encore *mers* diverses parties de l'Océan auxquelles on donne des noms particuliers.

On divise l'Océan en quatre parties principales : l'Océan Atlantique qui baigne l'Europe, l'Afrique et l'Amérique; le Grand Océan qui baigne l'Amérique, l'Afrique, l'Asie et l'Océanie; l'Océan Glacial du nord, qui baigne le nord de l'Europe, de l'Asie et de l'Amérique; et l'Océan Glacial du sud, dans lequel on ne connaît aucune terre habitée.

EUROPE. 264,000,000 d'hab.

Contrées et Géographie physique.

7. L'Europe se divise en seize contrées principales, dont quatre au nord, sept au milieu et cinq au sud.

8. Les quatre contrées au nord sont : 1° les *Iles Britanniques,* dont la capitale est Londres; 2° le *Danemark,* capitale Copenhague; 3° la *Suède,* capitale Stockholm; 4° la *Russie,* capitale Saint-Pétersbourg.

9. Les sept contrées au milieu sont: 1° la *France,* capitale Paris; 2° la *Belgique,* capitale Bruxelles; 3° la *Hollande,* capitale La Haye; 4° la *Suisse,* villes principales Bâle, Berne et Genève; 5° l'empire d'*Autriche,* capitale Vienne; 6° le royaume de *Prusse,* capitale Berlin; 7° les *états secondaires de l'Allemagne,* villes principales Hambourg, Hanovre, Dresde, Francfort-sur-le-Main, Stuttgard et Munich.

10. Les cinq contrées au sud sont: 1° le *Portugal,* capitale Lisbonne; 2° l'*Espagne,* capitale Madrid; 3° l'*Italie,* villes principales Turin, Milan, Florence, Rome et Naples; 4° la *Turquie,* capitale Constantinople; 5° la *Grèce,* capitale Athènes.

11. L'Europe est baignée par quinze mers, dont trois grandes et douze petites. Les trois grandes sont l'Océan Glacial au nord, l'Océan Atlantique à l'ouest, et la mer Méditerranée au sud.

Les douze petites sont : la mer Blanche, formée par l'Océan Glacial; la mer Baltique, la mer du Nord ou d'Allemagne, la Manche et la mer d'Irlande, formées par l'Océan Atlantique; la mer Adriatique, la mer Ionienne, l'Archipel, la mer de Marmara, la mer Noire et la mer d'Azov, formées par la Méditerranée; et la mer Caspienne, qui ne communique à aucune autre mer.

EXERCICES.

Qu'est-ce que la géographie?

Quelle est la forme de la terre?

Qu'est-ce que les points cardinaux?

Qu'est-ce que le levant? — le couchant? — le nord? — le midi?

Quels sont les autres noms du levant? — du couchant? — du nord? — du midi?

Où place-t-on ces points sur la carte?

Qu'est-ce que le nord-est? — le nord-ouest? — le sud-est? — le sud-ouest?

Quelles sont les cinq parties du monde?

Montrez l'Europe, — l'Asie, — l'Afrique, — l'Amérique, — l'Océanie.

Quelles sont les parties du monde qui composent l'ancien continent? — le nouveau continent?

Qu'est-ce que l'Océan ou la Mer?

Qu'appelle-t-on encore mer?

Quelles sont les parties principales de l'Océan?

Quelles sont les parties du monde baignées par l'Océan Atlantique? — par le Grand Océan? — par l'Océan Glacial du nord?

En combien de contrées divise-t-on l'Europe? — Montrez la France, — l'Espagne, — la Russie, etc. — Paris, — Londres, — Madrid, etc.

Qu'est-ce que la France? — la Suède? — l'Autriche? etc.

Qu'est-ce que Paris? — Londres? — Vienne? etc.

Quelles sont les contrées qui touchent la France?

Quelle est la contrée qui borne la France au sud-ouest? — au nord? — à l'est? — au sud-est?

Nota. Faites des questions semblables pour les autres contrées.

Quelles contrées traverseriez-vous pour aller de France en Russie? — de Russie en Italie? etc.

Par combien de mers l'Europe est-elle baignée? — Montrez la Méditerranée, — la mer Baltique, — l'Archipel, — la mer Caspienne, etc.

Quelles sont les petites mers formées par l'Océan? — par la Méditerranée? etc.

Quelles sont les mers qui baignent la France? — la Turquie? — la Suède? etc.

Écrivez sur une feuille d'exercice du 1er degré les noms des contrées de l'Europe et de leurs capitales.

Tracez sur une feuille du 2e degré les limites de ces contrées et placez-y leurs capitales.

Imprimerie de Gustave Gratiot, 30, rue Mazarine.

A PARIS, chez L. HACHETTE et Cie, RUE PIERRE-SARRAZIN, N° 14.

TABLEAUX DE GÉOGRAPHIE,

Par MM. Meissas et Michelot.

SUITE DE L'EUROPE.

12. Un *détroit* est une partie de mer resserrée entre deux terres.

Les huit principaux détroits de l'Europe sont : le Sund entre la Suède et le Danemark, le Pas-de-Calais entre la France et les Iles-Britanniques, le canal de Saint-Georges au sud de la mer d'Irlande, le détroit de Gibraltar entre l'Espagne et l'Afrique, le détroit de Messine au sud de l'Italie, le détroit des Dardanelles entre l'Archipel et la mer de Marmara, le détroit de Constantinople entre la mer de Marmara et la mer Noire, et le détroit d'Iénikalé entre la mer Noire et la mer d'Azov.

13. On appelle *golfe* ou *baie* une partie de mer qui s'avance dans les terres.

Les quatre golfes les plus remarquables de l'Europe sont : les golfes de Bothnie et de Finlande dans la mer Baltique; le golfe de Gascogne, dans l'Océan Atlantique; le golfe de Lion, dans la Méditerranée.

14. Une *île* est un espace de terre entouré d'eau de tous côtés.

Les huit principales îles de l'Europe sont : le Spitzberg et la Nouvelle-Zemble dans l'Océan Glacial; l'Islande, la Grande-Bretagne et l'Irlande dans l'Océan Atlantique; la Corse, la Sardaigne et la Sicile dans la Méditerranée.

15. On appelle *presqu'île* ou *péninsule* un espace de terre presque entouré d'eau, et qui tient au continent par un seul côté. La Morée ou Péloponèse en Grèce, et la Crimée en Russie, sont des presqu'îles.

Un *isthme* est une partie de terre très-étroite qui joint une presqu'île au continent : l'isthme de Corinthe joint la Morée au continent; l'isthme de Pérékop joint la Crimée à la Russie.

16. Un *cap* est une pointe de terre qui s'avance dans la mer. Les quatre principaux caps de l'Europe sont : le cap Nord, au nord de la Suède; le cap Finistère à l'ouest, et le cap Trafalgar au sud de l'Espagne; le cap Matapan au sud de la Morée.

17. Une *chaîne de montagnes* est la réunion d'un grand nombre de montagnes qui occupent une longue étendue. Les cinq principales chaînes de montagnes sont : les monts Ourals et le Caucase entre l'Europe et l'Asie; le Balkan en Turquie; les Alpes entre la France, la Suisse et l'Italie; les Pyrénées entre la France et l'Espagne.

18. Un *volcan* est une montagne qui vomit des flammes et des matières fondues qu'on appelle laves. Les trois principaux volcans de l'Europe sont : l'Hécla en Islande, le Vésuve près de Naples, et l'Etna en Sicile.

19. Un *lac* est une étendue d'eau entourée de terre de tous côtés. Les principaux lacs sont : les lacs Ladoga et Onéga en Russie, les lacs de Constance et de Genève en Suisse.

20. Un *fleuve* est un cours d'eau qui se jette dans la mer; une *rivière* est un cours d'eau qui se jette dans un fleuve ou dans une autre rivière. On appelle aussi *rivières* plusieurs des cours d'eau qui se jettent dans la mer, surtout ceux qui ne sont pas considérables.

On appelle *source* le lieu où le fleuve commence; *embouchure* le lieu où il se jette dans la mer.

La *rive droite* est celle qui est à la droite d'une personne qui suit le courant de l'eau; l'autre rive est la *rive gauche*.

Les quinze principaux fleuves de l'Europe sont : la Vistule et l'Oder qui se jettent dans la mer Baltique; l'Elbe, le Rhin, la Meuse et la Tamise qui se jettent dans la mer du Nord; la Seine qui se jette dans la Manche; la Loire, la Garonne et le Tage qui se jettent dans l'Océan; le Rhône qui se jette dans la Méditerranée; le Pô qui se jette dans la mer Adriatique; le Danube qui se jette dans la mer Noire; le Don qui se jette dans la mer d'Azov; et le Volga qui se jette dans la mer Caspienne.

EXERCICES.

Qu'est-ce qu'un détroit?

Combien y a-t-il de détroits principaux en Europe?

Montrez-les.

Par quel détroit faut-il passer pour aller de la Manche dans la mer du Nord? — pour aller de l'Océan dans la Méditerranée? etc.

Montrez sur la carte toutes les mers et tous les détroits par lesquels vous passeriez pour aller par mer d'Azov à Saint-Pétersbourg.

Qu'est-ce qu'un golfe?

Montrez le golfe de Finlande, — de Lion, etc.

Quels sont les golfes formés par la mer Baltique? — par la Méditerranée? etc.

Quel est le golfe qui est au midi de la France? — au nord de l'Espagne? — à l'ouest de la Russie? etc.

Qu'est-ce qu'une île?

Quelles sont les îles de la mer Baltique? — de l'Océan? — de la Méditerranée? etc.

Montrez la Corse, — la Sicile, — l'Irlande, — l'Islande, etc.

Quelles sont les presqu'îles principales de l'Europe?

Montrez la Morée, — la Suède, — le Jutland, etc.

Montrez l'isthme de Corinthe, — de Pérékop.

Qu'est-ce qu'un cap?

Montrez le cap Nord, — le cap Trafalgar, etc.

Combien y a-t-il de chaînes de montagnes en Europe?

Montrez les Pyrénées, — les Alpes, — le Caucase, etc.

Quelle est la chaîne de montagnes qui est en Turquie? — entre la France et l'Italie? etc.

Qu'est-ce qu'un volcan?

Montrez le Vésuve, — l'Etna, — l'Hécla.

Qu'est-ce qu'un lac?

Montrez le lac de Genève, — de Constance, etc.

Qu'est-ce qu'un fleuve?

Montrez la Seine, — le Danube, — le Volga, etc.

Dans quelle mer se jette le Rhin? — la Loire? — le Tage? etc.

Dans quelle contrée passe le Rhône? — la Tamise? — le Volga? etc.

Quels sont les fleuves qui coulent en France? — en Espagne? etc.

Qu'est-ce qu'une rivière?

Qu'est-ce que la source d'un fleuve?

Qu'est-ce que l'embouchure?

Qu'appelez-vous *rive droite?*

Qu'appelez-vous *rive gauche?*

Écrivez sur une feuille du 1er degré, les noms des principaux détroits de l'Europe, — les noms des golfes, — des îles, des presqu'îles, — des caps, — des montagnes, — des lacs, — des fleuves.

Tracez sur une feuille du 2e degré les principales chaînes de montagnes, — les principaux fleuves de l'Europe.

Imprimerie de Gustave Gratiot, 30, rue Mazarine.

A PARIS, chez L. Hachette et Cie, rue Pierre-Sarrazin, n° 14.

TABLEAUX DE GÉOGRAPHIE,

Par MM. Meissas et Michelot.

FRANCE (36,000,000 d'hab.).

ANCIENNES DIVISIONS.

21. On partageait autrefois la France en trente-trois gouvernements ou provinces, dont six au nord, six à l'est, sept au sud, six à l'ouest, et huit au milieu.

Les six au nord étaient : la *Flandre,* cap. Lille; l'*Artois,* cap. Arras; la *Picardie,* cap. Amiens; la *Normandie,* cap. Rouen; l'*Ile-de-France,* cap. Paris; et la *Champagne,* cap. Troyes.

Les six à l'est étaient : la *Lorraine,* cap. Nancy; l'*Alsace,* cap. Strasbourg; la *Franche-Comté,* cap. Besançon; la *Bourgogne,* cap. Dijon; le *Lyonnais,* cap. Lyon; et le *Dauphiné,* cap. Grenoble.

Les sept au sud étaient : la *Provence,* cap. Aix; le *Languedoc,* cap. Toulouse; le *Roussillon,* cap. Perpignan; le *Comté de Foix,* cap. Foix; la *Guyenne* et la *Gascogne,* cap. Bordeaux; le *Béarn,* cap. Pau; l'*Ile de Corse,* cap. Bastia.

Les six à l'ouest étaient : la *Saintonge* et l'*Angoumois,* cap. Saintes et Angoulême; l'*Aunis,* cap. La Rochelle; le *Poitou,* cap. Poitiers; la *Bretagne,* cap. Rennes; l'*Anjou,* cap. Angers; et le *Maine,* cap. le Mans.

Les huit au milieu étaient : l'*Orléanais,* cap. Orléans; la *Touraine,* cap. Tours; le *Berry,* cap. Bourges; le *Nivernais,* cap. Nevers; le *Bourbonnais,* cap. Moulins; la *Marche,* cap. Guéret; le *Limousin,* cap. Limoges; et l'*Auvergne,* cap. Clermont-Ferrand.

DÉPARTEMENTS DE LA FRANCE.

22. On divise actuellement la France en quatre-vingt-six départements; quatre-vingt-cinq sont formés des anciennes provinces; le quatre-vingt-sixième a été réuni à la France en **1791**.

23. DÉPARTEMENTS FORMÉS DES SIX PROVINCES DU NORD.

1° La Flandre forme le département du *Nord,* chef-lieu Lille; v. pr. Dunkerque, Douai, Valenciennes et Cambrai.

2° L'Artois forme le département du *Pas-de-Calais,* chef-lieu Arras; v. pr. Calais, Boulogne, Saint-Omer et Aire.

3° La Picardie forme le département de la *Somme,* chef-lieu Amiens; v. pr. Abbeville.

4° La Normandie forme cinq départements : le département de la *Seine-Inférieure,* chef-lieu Rouen; v. pr. Dieppe, Yvetot, le Havre et Elbeuf; le département de l'*Eure,* chef-lieu Évreux; v. pr. Louviers; le département du *Calvados,* chef-lieu Caen; v. pr. Bayeux, Honfleur, Lisieux, Falaise et Vire; le département de la *Manche,* chef-lieu Saint-Lô; v. pr. Cherbourg, Coutances, Granville; le département de l'*Orne,* chef-lieu Alençon; v. pr. Séez.

5° L'Ile-de-France forme cinq départements : le département de la *Seine,* chef-lieu Paris; v. pr. Saint-Denis; le département de *Seine-et-Oise,* chef-lieu Versailles; v. pr. Pontoise, Étampes; le département de *Seine-et-Marne,* chef-lieu Melun; v. pr. Meaux et Fontainebleau; le département de l'*Oise,* chef-lieu Beauvais; v. pr. Compiègne et Senlis; le département de l'*Aisne,* chef-lieu Laon; v. pr. Saint-Quentin, La Fère, Soissons et Château-Thierry.

6° La Champagne forme quatre départements : le département de l'*Aube,* chef-lieu Troyes; le département de la *Haute-Marne,* chef-lieu Chaumont; v. pr. Langres et Bourbonne-les-Bains; le département de la *Marne,* chef-lieu Châlons; v. pr. Reims, Épernay, Vitry-le-François; le département des *Ardennes,* chef-lieu Mézières; v. pr. Rocroy et Sedan.

EXERCICES.

Comment divisait-on autrefois la France?

Quelles étaient les provinces au nord? — au sud? — à l'est? etc.

Quelle était la capitale de l'Alsace? — de la Franche-Comté? — du Dauphiné? — de la Normandie? etc.

Qu'était-ce que Bordeaux? — Aix? — Amiens? etc.

Montrez le Languedoc, — le Nivernais, — la Lorraine, etc.

Montrez Poitiers, — Strasbourg, — Lyon, etc.

Comment divise-t-on maintenant la France?

Quels sont les départements formés de l'ancienne Normandie? — de la Champagne? etc.

Quel est le chef-lieu du département du Nord? — de la Seine? — de l'Orne? etc.

Quelles sont les villes principales du département de la Manche? — du Calvados? — de l'Oise? etc.

Montrez Rouen, — Coutances, — Dunkerque, — Fontainebleau, etc.

Montrez le département de l'Aisne, — des Ardennes, — de l'Eure, etc.

Dans quel département se trouve Caen? — Versailles? — Troyes? — Sedan? — Dieppe? etc.

Écrivez sur une feuille du 1er degré les noms des anciennes provinces de France et de leurs capitales, — les noms des départements formés des provinces du nord, — les noms de leurs chefs-lieux.

Tracez sur une feuille du 2e degré les limites des départements formés des provinces du nord, — placez-y leurs chefs-lieux.

Nota. On peut faire des exercices du même genre sur la plupart des tableaux suivants, quoique nous ne les ayons pas toujours indiqués.

Imprimerie de Gustave GRATIOT, 30, rue Mazarine.

A PARIS, chez L. HACHETTE et Cie, rue PIERRE-SARRAZIN, n° 14.

(N. 4.)

TABLEAUX DE GÉOGRAPHIE,

Par MM. MEISSAS et MICHELOT.

FRANCE.

24. DÉPARTEMENTS FORMÉS DES SIX PROVINCES DE L'EST.

1° La LORRAINE forme quatre départements : le département de la *Meurthe*, chef-lieu Nancy ; v. pr. Pont-à-Mousson, Toul et Lunéville ; le département de la *Moselle*, chef-lieu Metz ; v. pr. Thionville ; le département de la *Meuse*, chef-lieu Bar-le-Duc ; v. pr. Verdun ; le département des *Vosges*, chef-lieu Épinal ; v. pr. Saint-Dié et Plombières.

2° L'ALSACE forme deux départements : le département du *Bas-Rhin*, chef-lieu Strasbourg ; v. pr. Weissembourg et Schelestadt ; le département du *Haut-Rhin*, chef-lieu Colmar ; v. pr. Mulhausen ou Mulhouse et Belfort.

3° La FRANCHE-COMTÉ forme trois départements : le département du *Doubs*, chef-lieu Besançon ; v. pr. Montbelliard et Pontarlier ; le département de la *Haute-Saône*, chef-lieu Vesoul ; v. pr. Gray ; le département du *Jura*, chef-lieu Lons-le-Saulnier ; v. pr. Dôle et Saint-Claude.

4° La BOURGOGNE forme quatre départements : le département de la *Côte-d'Or*, chef-lieu Dijon ; v. pr. Beaune et Auxonne ; le département de l'*Yonne*, chef-lieu Auxerre ; v. pr. Sens et Joigny ; le département de *Saône-et-Loire*, chef-lieu Mâcon ; v. pr. Autun et Chalon-sur-Saône ; le département de l'*Ain*, chef-lieu Bourg ; v. pr. Belley.

5° Le LYONNAIS forme deux départements : le département du *Rhône*, chef-lieu Lyon ; v. pr. Tarare ; le département de la *Loire*, chef-lieu Montbrison ; v. pr. Roanne et Saint-Étienne.

6° Le DAUPHINÉ forme trois départements : le département de l'*Isère*, chef-lieu Grenoble ; v. pr. Vienne ; le département de la *Drôme*, chef-lieu Valence ; v. pr. Montélimar ; le département des *Hautes-Alpes*, chef-lieu Gap ; v. pr. Briançon.

25. DÉPARTEMENTS FORMÉS DES SEPT PROVINCES DU SUD.

1° La PROVENCE forme trois départements : le département des *Bouches-du-Rhône*, chef-lieu Marseille ; v. pr. Tarascon, Arles et Aix ; le département des *Basses-Alpes*, chef-lieu Digne ; v. pr. Sisteron ; le département du *Var*, chef-lieu Draguignan ; v. pr. Grasse, Antibes, Fréjus et Toulon.

2° Le LANGUEDOC forme huit départements : le département de la *Haute-Garonne*, chef-lieu Toulouse ; le département du *Tarn*, chef-lieu Albi ; v. p. Gaillac, Lavaur, Castres ; le département de l'*Aude*, chef-lieu Carcassonne ; v. pr. Castelnaudary et Narbonne ; le département de l'*Hérault*, chef-lieu Montpellier ; v. pr. Lodève, Béziers, Cette et Lunel ; le département du *Gard*, chef-lieu Nîmes ; v. pr. Pont-Saint-Esprit, Alais, Uzès et Beaucaire ; le département de la *Lozère*, chef-lieu Mende ; le département de la *Haute-Loire*, chef-lieu le Puy ; v. pr. Yssingeaux ; le département de l'*Ardèche*, chef-lieu Privas ; v. pr. Annonay et Viviers.

3° Le ROUSSILLON forme un département : celui des *Pyrénées-Orientales*, chef-lieu Perpignan.

4° Le comté de FOIX forme un département : celui de l'*Ariége*, chef-lieu Foix ; v. pr. Pamiers.

5° Le BÉARN forme un département : celui des *Basses-Pyrénées*, chef-lieu Pau ; v. pr. Bayonne, Orthès, Oloron.

6° La GUYENNE et la GASCOGNE forment neuf départements : le département de la *Gironde*, chef-lieu Bordeaux ; v. pr. Blaye, Bourg-du-Bec-d'Ambez et Libourne ; le département de la *Dordogne*, chef-lieu Périgueux ; v. pr. Bergerac ; le département de *Lot-et-Garonne*, chef-lieu Agen ; v. pr. Marmande, Villeneuve-d'Agen et Nérac ; le département du *Lot*, chef-lieu Cahors ; v. pr. Figeac ; le département de l'*Aveyron*, chef-lieu Rodez ; v. pr. Milhau ; le département de *Tarn-et-Garonne*, chef-lieu Montauban ; v. pr. Moissac, Castel-Sarrasin ; le département des *Landes*, chef-lieu Mont-de-Marsan ; v. pr. Saint-Sever et Aire ; le département du *Gers*, chef-lieu Auch ; v. pr. Condom et Lectoure ; le département des *Hautes-Pyrénées*, chef-lieu Tarbes ; v. pr. Bagnères et Baréges.

7° La CORSE forme un département : celui de la *Corse*, chef-lieu Ajaccio ; v. pr. Bastia et Bonifacio.

EXERCICES.

Quels sont les départements formés de l'ancienne Lorraine ? — du Lyonnais ? — de la Provence ? — du Languedoc ? etc.

Quel est le chef-lieu du Haut-Rhin ? — de la Moselle ? — de l'Isère ? — du Gard ? etc.

Quelles sont les villes principales du département du Tarn ? — des Vosges ? — de la Drôme ? etc.

Dans quel département se trouve Metz ? — Tarare ? — Dijon ? — Montpellier ? etc.

Montrez le département de la Moselle, — de la Meuse, — du Jura, etc.

Montrez Gap, — Marseille, — Thionville, — Toulouse, etc.

Écrivez sur une feuille du 1er degré les noms des départements de l'est et de leurs chefs-lieux, — les noms des départements du sud et de leurs chefs-lieux.

Tracez sur une feuille du 2e degré les limites des départements formés de la Lorraine, — de la Bourgogne, — du Languedoc, etc.

Placez-y les chefs-lieux de ces départements. — Écrivez leurs noms.

Imprimerie de GUSTAVE GRATIOT, 30, rue Mazarine.

A PARIS, CHEZ L. HACHETTE ET Cie, RUE PIERRE-SARRAZIN, N° 14.

TABLEAUX DE GÉOGRAPHIE,

Par MM. MEISSAS et MICHELOT.

FRANCE.

26. DÉPARTEMENTS FORMÉS DES SIX PROVINCES DE L'OUEST.

1° L'ANGOUMOIS forme un département : celui de la *Charente*, chef-lieu Angoulême; v. pr. Cognac.

2° L'AUNIS et la SAINTONGE forment un département : celui de la *Charente-Inférieure*, chef-lieu La Rochelle; v. pr. Rochefort et Saintes.

3° Le POITOU forme trois départements : le département de la *Vienne*, chef-lieu Poitiers; v. pr. Châtellerault; le département des *Deux-Sèvres*, chef-lieu Niort; le département de la *Vendée*, chef-lieu Napoléon-Vendée; v. pr. Fontenay, Luçon et les Sables.

4° L'ANJOU forme un département : celui de *Maine-et-Loire*, chef-lieu Angers; v. pr. Saumur.

5° La BRETAGNE forme cinq départements : le département d'*Ille-et-Vilaine*, chef-lieu Rennes; v. pr. Saint-Malo, Saint-Servan, Fougères et Vitré; le département des *Côtes-du-Nord*, chef-lieu Saint-Brieuc; v. pr. Dinan; le département du *Finistère*, chef-lieu Quimper; v. pr. Morlaix et Brest; le département du *Morbihan*, chef-lieu Vannes; v. pr. Lorient et Port-Louis; le département de la *Loire-Inférieure*, chef-lieu Nantes; v. pr. le Croisic et Paimbœuf.

6° Le MAINE forme deux départements : le département de la *Sarthe*, chef-lieu Le Mans; v. pr. La Flèche; le département de la *Mayenne*, chef-lieu Laval; v. pr. Château-Gontier et Mayenne.

27. DÉPARTEMENTS FORMÉS DES HUIT PROVINCES DU MILIEU.

1° L'ORLÉANAIS forme trois départements : le département du *Loiret*, chef-lieu Orléans; v. pr. Montargis; le département d'*Eure-et-Loir*, chef-lieu Chartres; v. pr. Dreux, Nogent-le-Rotrou et Châteaudun; le département de *Loir-et-Cher*, chef-lieu Blois; v. pr. Vendôme.

2° La TOURAINE forme un département : celui d'*Indre-et-Loire*, chef-lieu Tours; v. pr. Chinon.

3° Le BERRY forme deux départements : le département du *Cher*, chef-lieu Bourges; v. pr. Saint-Amand; le département de l'*Indre*, chef-lieu Châteauroux; v. pr. Issoudun.

4° Le NIVERNAIS forme un département : celui de la *Nièvre*, chef-lieu Nevers; v. pr. Cosne.

5° Le BOURBONNAIS forme un département : celui de l'*Allier*, chef-lieu Moulins; v. pr. Vichy.

6° La MARCHE forme un département : celui de la *Creuse*, chef-lieu Guéret; v. pr. Aubusson.

7° Le LIMOUSIN, forme deux départements : le département de la *Haute-Vienne*, chef-lieu Limoges, v. pr. Saint-Yrieix; le département de la *Corrèze*, chef-lieu Tulle; v. pr. Brives.

8° L'AUVERGNE forme deux départements : le département du *Puy-de-Dôme*, chef-lieu Clermont-Ferrand; v. pr. Riom, Thiers, Issoire et Ambert; le département du *Cantal*, chef-lieu Aurillac, v. pr. Saint-Flour.

9° Le comtat d'AVIGNON, réuni à la France en 1791, forme un département : celui de *Vaucluse*, chef-lieu Avignon, v. pr. Carpentras et Orange.

EXERCICES.

Quels sont les départements formés du Poitou? — de la Bretagne? — de l'Angoumois? etc.

Quel est le chef-lieu du département de la Charente? — de la Mayenne? — du Loiret? — de la Nièvre? etc.

Quelles sont les villes principales du département de la Vendée? — de la Sarthe? — du Puy-de-Dôme? etc.

Montrez La Rochelle, — Niort, — Brest, — Nantes, — Cognac, etc.

Montrez le département des Deux-Sèvres, — du Cher, — de l'Indre, etc.

Dans quel département se trouve Rochefort? — Rennes? — Vannes? — Vendôme? — Dreux? etc.

Quels sont les départements qui sont baignés par l'océan Atlantique? — par la Méditerranée? — par la Manche? etc.

Quels sont les départements qui touchent l'Espagne? — l'Italie? — la Suisse? — la Belgique? etc.

Imprimerie de GUSTAVE GRATIOT, 30, rue Mazarine.

A PARIS, CHEZ L. HACHETTE ET Cie, RUE PIERRE-SARRAZIN, N° 14.

TABLEAUX DE GÉOGRAPHIE,

Par MM. Mussa et ...

FRANCE.

GÉOGRAPHIE PHYSIQUE.

ILES.

28. Les huit principales îles de la France sont : les îles d'Ouessant, ..., la Belle-Île, de Noirmoutier, l'Île-Dieu, les îles de Ré et d'Oléron dans l'Océan; la Corse et les îles d'Hyères dans la Méditerranée.

MONTAGNES.

29. Les sept principales chaînes de montagnes de la France sont : 1° les Pyrénées entre la France et l'Espagne; 2° les Alpes entre la France et l'Italie, où se trouve le mont Pelvoux, la plus haute montagne de France; 3° les Cévennes dans le Languedoc, où l'on remarque le mont de la Lozère; 4° les monts d'Auvergne, où l'on remarque le Mont-Dore, le Cantal, le Puy-de-Dôme; 5° le Jura entre la Franche-Comté et la Suisse; 6° les Vosges en Lorraine et en Alsace; 7° les monts de la Corse.

FLEUVES.

30. Les cinq principaux fleuves de la France sont : 1° la Seine qui prend sa source dans le département de la Côte-d'Or, passe par Troyes, Melun, Paris, Rouen, et se jette dans la Manche entre le Havre et Honfleur; 2° la Loire qui sort du département de l'Ardèche, passe par le Puy, Roanne, Nevers, Briare, Orléans, Blois, Tours, Saumur, Nantes, Paimbœuf, et se jette dans l'Océan; 3° la Garonne qui prend sa source dans les Pyrénées, passe par Toulouse, Agen, Marmande, Bordeaux, le Bourg-du-Bec-d'Ambez, et à Blaye, sous le nom de Gironde, et se jette dans l'Océan; 4° le Rhône qui prend sa source en Suisse, au mont Furca, traverse le lac de Genève, passe par Lyon, Vienne, Valence, Viviers, Pont-Saint-Esprit, Avignon, Beaucaire, Tarascon, Arles, et se jette dans la Méditerranée par plusieurs branches qui forment l'île de la Camargue; 5° le Rhin qui prend sa source en Suisse, sépare la France de l'Allemagne, passe à Bâle en Suisse, près de Strasbourg en France, Mayence, Coblentz, Cologne en Allemagne, se divise en plusieurs branches dans la Hollande, et se jette dans la mer du Nord.

On remarque encore plusieurs fleuves moins considérables : 1° l'Escaut qui prend sa source dans le département de l'Aisne, passe par Cambrai et Valenciennes en France, par Gand et Anvers dans la Belgique, et se jette dans la mer du Nord; 2° la Meuse qui prend sa source dans le département de la Haute-Marne, passe à Verdun, à Sedan, Mézières en France; à Namur, à Liége, en Belgique, à Maëstricht, à Rotterdam, en Hollande; reçoit plusieurs branches du Rhin, et se jette dans la mer du Nord; 3° la Somme qui passe à Amiens, et l'Orne qui passe à Caen : ces deux fleuves se jettent dans la Manche; 4° la Vilaine qui passe à Rennes, la Sèvre Niortaise qui passe à Niort, la Charente qui passe à Cognac et à Rochefort, et l'Adour qui passe à Bayonne; ces quatre fleuves se jettent dans l'Océan; 5° l'Aude qui passe à Carcassonne, l'Hérault qui passe à Pézénas et à Agde, et le Var qui sépare la France de l'Italie; ces trois fleuves se jettent dans la Méditerranée.

RIVIÈRES.

31. Les principales rivières de la France sont : l'Aube, l'Yonne, la Marne, l'Oise et l'Eure qui se jettent dans la Seine; l'Aisne qui se jette dans l'Oise; l'Allier, le Cher, l'Indre, la Vienne et la Mayenne qui se jettent dans la Loire; la Sarthe et le Loir qui s'unissent à la Mayenne; le Tarn, le Lot, la Dordogne qui se jettent dans la Garonne; la Saône, l'Isère et la Durance qui se jettent dans le Rhône; la Moselle qui se jette dans le Rhin.

TABLEAUX DE GÉOGRAPHIE,

Par MM. Meissas et Michelot.

FRANCE.

GÉOGRAPHIE PHYSIQUE.

ILES.

28. Les neuf principales îles de la France sont : les îles d'Ouessant, de Groix, de Belle-Ile, de Noirmoutier, l'Ile-Dieu, les îles de Ré et d'Oléron dans l'Océan; la Corse et les îles d'Hyères dans la Méditerranée.

MONTAGNES.

29. Les sept principales chaînes de montagnes de la France sont : 1° les Pyrénées entre la France et l'Espagne; 2° les Alpes entre la France et l'Italie, où se trouve le mont Pelvoux, la plus haute montagne de France; 3° les Cévennes dans le Languedoc, où l'on remarque le mont de la Lozère; 4° les monts d'Auvergne, où l'on remarque le Mont-Dor, le Cantal, le Puy-de-Dôme; 5° le Jura entre la Franche-Comté et la Suisse; 6° les Vosges en Lorraine et en Alsace; 7° les monts de la Corse.

FLEUVES.

30. Les cinq principaux fleuves de la France sont : 1° la Seine qui prend sa source dans le département de la Côte-d'Or, passe par Troyes, Melun, Paris, Rouen, et se jette dans la Manche entre le Havre et Honfleur; 2° la Loire qui sort du département de l'Ardèche, passe par le Puy, Roanne, Nevers, Briare, Orléans, Blois, Tours, Saumur, Nantes, Paimbœuf, et se jette dans l'Océan; 3° la Garonne qui prend sa source dans les Pyrénées, passe par Toulouse, Agen, Marmande, Bordeaux, le Bourg-du-Bec-d'Ambez, et à Blaye, sous le nom de Gironde, et se jette dans l'Océan; 4° le Rhône qui prend sa source en Suisse, au mont Furca, traverse le lac de Genève, passe par Lyon, Vienne, Valence, Viviers, Pont-Saint-Esprit, Avignon, Beaucaire, Tarascon, Arles, et se jette dans la Méditerranée par plusieurs branches qui forment l'île de la Camargue; 5° le Rhin qui prend sa source en Suisse, sépare la France de l'Allemagne, passe à Bâle en Suisse, près de Strasbourg en France, à Mayence, Coblentz, Cologne en Allemagne, se divise en plusieurs branches dans la Hollande, et se jette dans la mer du Nord.

On remarque encore plusieurs fleuves moins considérables : 1° l'Escaut qui prend sa source dans le département de l'Aisne, passe par Cambrai et Valenciennes en France, par Gand et Anvers dans la Belgique, et se jette dans la mer du Nord; 2° la Meuse qui prend sa source dans le département de la Haute-Marne, passe à Verdun, à Sedan, à Mézières en France; à Namur, à Liége, en Belgique; à Maëstricht, à Rotterdam, en Hollande; reçoit plusieurs branches du Rhin, et se jette dans la mer du Nord; 3° la Somme qui passe à Amiens, et l'Orne qui passe à Caen : ces deux fleuves se jettent dans la Manche; 4° la Vilaine qui passe à Rennes, la Sèvre Niortaise qui passe à Niort, la Charente qui passe à Cognac et à Rochefort, et l'Adour qui passe à Bayonne : ces quatre fleuves se jettent dans l'Océan; 5° l'Aude qui passe à Carcassonne, l'Hérault qui passe à Pezénas et à Agde, et le Var qui sépare la France de l'Italie : ces trois fleuves se jettent dans la Méditerranée.

RIVIÈRES.

31. Les principales rivières de la France sont : l'Aube, l'Yonne, la Marne, l'Oise et l'Eure qui se jettent dans la Seine; l'Aisne qui se jette dans l'Oise; l'Allier, le Cher, l'Indre, la Vienne et la Mayenne qui se jettent dans la Loire; la Sarthe et le Loir qui s'unissent à la Mayenne; le Tarn, le Lot, la Dordogne qui se jettent dans la Garonne; la Saône, l'Isère et la Durance qui se jettent dans le Rhône; la Moselle qui se jette dans le Rhin.

EXERCICES.

Quelles sont les principales îles de la France? Montrez Noirmoutier, — Belle-Ile, — la Corse, etc.

Quelles sont les principales chaînes de montagnes de la France?

Quels sont les départements qui ont tiré leur nom de quelques chaînes ou de quelques montagnes remarquables?

Quels sont les principaux fleuves de la France?

Par quelles villes passe la Loire? — le Rhône? — l'Escaut? etc.

Quel est le fleuve qui passe à Tours? — à Bordeaux? — à Rennes? etc.

Quels sont les départements qui ont tiré leur nom de la Seine? — de la Loire? du Rhin? etc.

Montrez les départements qui sont arrosés par la Seine? — par le Rhône? par la Loire? etc.

Quels sont les départements qui tirent leur nom de la Marne? — du Cher? etc.

Montrez les départements qui sont arrosés par l'Oise? — par l'Allier? — par la Vienne? etc.

Tracez sur une feuille du 2e degré le cours des principaux fleuves de France. — Écrivez leurs noms. — Placez-y les principales villes par où ils passent. — Tracez les principales chaînes des montagnes. — Écrivez leurs noms.

Imprimerie de Gustave GRATIOT, 30, rue Mazarine.

A PARIS, chez L. HACHETTE et Cie, rue PIERRE-SARRAZIN, n° 14.

TABLEAUX DE GÉOGRAPHIE,

Par MM. Meissas et Michelot.

FRANCE.

NOTIONS HISTORIQUES.

32. La France portait autrefois le nom de *Gaule*, elle fut soumise pendant **500** ans aux Romains. Les Francs, peuples sortis du nord de l'Allemagne, s'en emparèrent dans le cinquième siècle après J.-C., et lui donnèrent le nom de *France*. Depuis, elle ne fut jamais soumise à une nation étrangère.

La France a **36** millions d'habitants. L'exercice de tous les cultes y est libre; mais la religion catholique est celle de la majorité des Français.

La France est gouvernée par un Président élu pour dix ans. Les lois sont faites par le Président, le Sénat et le Corps législatif.

Il y a dans chaque département un préfet chargé de l'administration civile. Les départements se divisent en arrondissements qui sont administrés par des sous-préfets; les arrondissements se divisent en cantons, et les cantons en communes qui sont administrées par des maires.

Pour l'administration de la justice, il y a dans chaque canton un juge de paix, et dans chaque arrondissement un tribunal de première instance, qui dépend de l'une des vingt-sept Cours d'appel entre lesquelles sont partagés tous les départements. Dans les villes les plus commerçantes, il y a un tribunal de commerce. Tous les tribunaux ressortissent à la Cour de cassation.

La direction de l'instruction publique est divisée en académies, administrées par des recteurs.

Pour la religion catholique, la France est divisée en quatre-vingts diocèses qui sont administrés chacun par un archevêque ou un évêque.

Pour l'administration de la guerre, la France est partagée en vingt-une divisions militaires.

DESCRIPTION GÉNÉRALE.

33. Les provinces du nord de la France offrent de vastes plaines agréablement coupées de collines; celles de l'est et du midi sont en grande partie couvertes de montagnes; le sol des provinces de l'ouest ne présente pas de hauteurs considérables. Cinq grands fleuves et beaucoup de rivières arrosent la France, et y répandent la fertilité. De belles routes, de nombreux canaux favorisent encore le commerce et l'industrie. La France jouit d'un climat tempéré, d'un beau ciel, d'un air pur et salubre; cependant au nord les hivers sont quelquefois rigoureux et durent près de la moitié de l'année, tandis que dans le midi les étés sont longs et chauds, le ciel presque toujours serein, et les froids de peu de durée.

PRINCIPALES PRODUCTIONS.

34. Les mines les plus importantes de la France sont: celles de fer, de cuivre, de plomb et même d'argent. On trouve aussi de riches mines de charbon de terre et de sel gemme; mais la plus grande partie du sel est recueillie dans les marais salants, sur les bords de la mer. Les pierres à bâtir, les ardoises et les marbres sont très-communs en France.

Le sol de la France est en général très-fertile et donne les productions végétales les plus variées. Les principales sont: le blé, le maïs et les autres céréales; les pommes de terre, les légumes, les plantes à fourrages; la vigne, les arbres fruitiers, parmi lesquels on distingue l'olivier et le pommier; le lin, le chanvre, le tabac et la betterave, dont on tire du sucre; des chênes-liéges; enfin de beaux bois pour la construction des vaisseaux, la charpente, la menuiserie et la fabrication des meubles.

Les animaux domestiques les plus communs en France sont: les chevaux, les mulets, les ânes, les bœufs, les moutons, les chèvres, les porcs et la volaille. On trouve aussi dans les rivières beaucoup de poissons. On remarque parmi les insectes les abeilles et les vers à soie.

La France est un pays essentiellement agricole; la culture des terres est portée dans plusieurs provinces à un haut degré de perfection. C'est une des contrées où l'industrie a fait le plus de progrès.

Les principales usines et manufactures sont: les fonderies, les forges, les manufactures d'armes, de quincaillerie, d'horlogerie, d'orfévrerie; celles de poterie, de porcelaine, de verre, de cristaux et de glaces; les fabriques de produits chimiques, les papeteries; les manufactures de soieries, de toiles, de dentelles, de draps, d'étoffes de coton, de bonneterie et de tapis; les fabriques d'eau-de-vie, d'huile, de savon; les raffineries de sucre et de sel et les tanneries. La France vend aussi à l'étranger beaucoup de meubles et de modes.

EXERCICES.

Comment appelait-on autrefois la France? — à quelle époque les Francs s'en emparèrent-ils?
Quelle est la population de la France?
Quel en est le gouvernement?

Quels sont les fonctionnaires chargés de l'administration civile?
Par qui la justice est-elle rendue?
Par qui les diocèses sont-ils administrés?

Combien y a-t-il de divisions militaires?
Quel est l'aspect des provinces du nord? — de celles de l'est? — du midi? etc.
Quel est le climat de la France?

Quelles sont les principales productions minérales de la France? — les productions végétales? — les animaux les plus remarquables?
Quels sont les produits de l'industrie française?

Imprimerie de Gustave Gratiot, 30, rue Mazarine.

A PARIS, chez L. HACHETTE et Cie, rue PIERRE-SARRAZIN, n° 14.

TABLEAUX DE GÉOGRAPHIE,

Par MM. Meissas et Michelot.

FRANCE.

NOTIONS PARTICULIÈRES SUR LES PROVINCES ET SUR LES LIEUX LES PLUS REMARQUABLES.

FLANDRE.

35. La Flandre est la province la plus fertile et une des plus industrieuses de la France.

DÉPARTEMENT DU NORD.

Lille (**76,000** habitants), place très-forte, fabrique beaucoup de fil et de dentelles.

Dunkerque (**29,000** hab.), bon port, patrie du marin Jean Bart.

Valenciennes (**23,000** hab.), place forte sur l'Escaut, renommée pour ses dentelles.

Cambrai (**21,000** hab.), place forte sur l'Escaut, fait un grand commerce de batiste et de linon; Fénelon était archevêque de cette ville.

Douai (**20,000** hab.), ville forte sur la Scarpe, chef-lieu d'une cour d'appel.

Saint-Amand (**10,000**) hab.), connue pour ses eaux et ses boues minérales.

Denain (**9,000** hab.), célèbre par la victoire que Villars y remporta en **1712**, et qui sauva la France.

Bouvines (**600** hab.), village célèbre par la victoire que Philippe-Auguste y remporta, en **1214**, sur les Allemands et les Flamands.

ARTOIS.

36. L'Artois est une province fertile et industrieuse; on y fabrique beaucoup d'huile, de sucre de betterave et de toiles.

DÉPARTEMENT DU PAS-DE-CALAIS.

Arras (**25,000** hab.), ville forte.

Boulogne (**31,000** hab.), port dans une position favorable pour le passage en Angleterre.

Calais (**11,000** hab.), port très-fréquenté pour le passage en Angleterre. En **1347**, cette ville fut prise par les Anglais, après un siége célèbre.

PICARDIE.

37. La Picardie est très-fertile. On y fabrique beaucoup de velours de coton, d'étoffes de laine et de toiles.

DÉPARTEMENT DE LA SOMME.

Amiens (**52,000** hab.), remarquable par sa belle cathédrale et ses fabriques de velours.

NORMANDIE.

38. La Normandie est une des provinces les plus fertiles et les plus industrieuses de la France. Ses vastes pâturages nourrissent beaucoup de bestiaux et de chevaux.

DÉPARTEMENT DE LA SEINE-INFÉRIEURE.

Rouen (**100,000** hab.), remarquable par ses tissus de coton, dits *rouenneries;* fait un commerce immense; les bâtiments marchands remontent la Seine jusque dans son port. C'est la patrie du grand Corneille.

Le Havre (**29,000** hab.), avec un bon et vaste port, fait un immense commerce maritime.

Dieppe (**18,000** hab.) fait un grand commerce de poisson et d'ouvrages d'ivoire.

Elbeuf (**18,000** hab.) est renommé pour ses manufactures de draps.

Arques (**800** hab.), village près de Dieppe, célèbre par la victoire que Henri IV y remporta en **1589**.

DÉPARTEMENT DE L'EURE.

Évreux (**13,000** hab.).

Louviers (**11,000** hab.), renommé pour ses manufactures de draps.

Ivry (**1,000** hab.), bourg célèbre par la bataille que Henri IV y gagna en **1590**.

DÉPARTEMENT DU CALVADOS.

Caen (**45,000** hab.), port très-commerçant, connu par ses fabriques de tulle. C'est la patrie de Malherbe.

Lisieux (**12,000** hab.), connu par ses toiles cretonnes.

Falaise (**9,000** hab.), patrie de Guillaume le Conquérant. C'est à Guibray, faubourg de cette ville, que se tient une des plus belles foires de la France.

Honfleur (**9,000** hab.), port à l'embouchure de la Seine, fait un grand commerce.

DÉPARTEMENT DE LA MANCHE.

Saint-Lô (**10,000** hab.).

Cherbourg (**28,000** hab.), ville forte, un des cinq grands ports militaires de la France.

DÉPARTEMENT DE L'ORNE.

Alençon (**15,000** hab.), connu pour ses dentelles et son commerce de chevaux.

Laigle (**6,000** hab.), renommé pour ses fabriques d'épingles et d'aiguilles.

EXERCICES.

Quelle est la province la plus fertile de la France? Que fabrique-t-on dans l'Artois? — dans la Picardie? — dans la Normandie? etc.

Quelles sont les villes remarquables du département du Nord? — de la Seine-Inférieure? — du Calvados? Que remarque-t-on sur Lille? — Valenciennes? — Bouvines? — Calais? — Amiens? — Rouen? etc.

Quelles sont les villes de la Normandie renommées pour leurs fabriques de draps?

Où est né Guillaume le Conquérant? — Malherbe? — Corneille? etc. Où Villars a-t-il gagné une bataille? etc.

Imprimerie de Gustave Gratiot, 30, rue Mazarine.

A PARIS, chez L. HACHETTE et Cie, RUE PIERRE-SARRAZIN, N° 14.

TABLEAUX DE GÉOGRAPHIE,

Par MM. Meissas et Michelot.

FRANCE.

ILE-DE-FRANCE.

39. L'Ile-de-France est fertile et très-bien cultivée; mais elle doit sa principale richesse à l'industrie de ses habitants et à l'avantage qu'elle a de renfermer la capitale de la France.

DÉPARTEMENT DE LA SEINE.

Paris (1,260,000 hab., avec les communes comprises dans la nouvelle enceinte), sur la Seine, la seconde ville de l'Europe par sa population, est le centre des lettres, des sciences et des beaux-arts. C'est la patrie du grand Condé, de Molière, de Boileau et de Rollin.

Saint-Denis (16,000 hab.), remarquable par sa cathédrale qui renferme les tombeaux des rois de France.

Alfort, près de Charenton, possède une école vétérinaire.

DÉPARTEMENT DE SEINE-ET-OISE.

Versailles (35,000 hab.), célèbre par le magnifique château qu'y fit bâtir Louis XIV, et qui a été, jusqu'à la révolution de 1789, la résidence des rois.

Saint-Germain-en-Laye (13,000 hab.), sur une hauteur, près d'une belle forêt.

Sèvres (5,000 hab.), bourg connu par sa belle manufacture de porcelaine.

DÉPARTEMENT DE SEINE-ET-MARNE.

Melun (10,000 hab.).

Meaux (10,000 hab.), où Bossuet fut évêque.

Fontainebleau (10,000 hab.), ville avec un château, au milieu d'une vaste forêt.

DÉPARTEMENT DE L'OISE.

Beauvais (14,000 hab.), connu par ses manufactures de tapisseries; en 1472, les femmes, sous la conduite de Jeanne Hachette, y repoussèrent les troupes de Charles le Téméraire.

Compiègne (11,000 hab.), sur l'Oise, ville avec un château, près d'une belle forêt.

Creil (3,000 hab.), sur l'Oise, connu par sa manufacture de faïence et de porcelaine opaque.

DÉPARTEMENT DE L'AISNE.

Laon (10,000 hab.), sur une hauteur, a été le séjour de quelques rois de la seconde race.

Saint-Quentin (25,000, hab.), sur la Somme, ville très-renommée pour ses linons et pour ses manufactures d'étoffes de coton.

Soissons (9,000 hab.) fait un grand commerce de blé, de haricots et de toiles.

Château-Thierry (6,000 hab.), sur la Marne, patrie de La Fontaine.

La Ferté-Milon (2,000 hab.), patrie de Racine.

Saint-Gobain (2,000 hab.), connu par sa manufacture de glaces.

CHAMPAGNE.

40. La Champagne, dont une partie est stérile, produit des vins très-renommés; le nord renferme de grandes forêts.

DÉPARTEMENT DE L'AUBE.

Troyes (27,000 hab.), sur la Seine, fait un commerce considérable de bonneterie et de charcuterie.

DÉPARTEMENT DE LA HAUTE-MARNE.

Chaumont (6,000 hab.), près de la Marne.

Langres (11,000 hab.), renommé pour sa coutellerie.

Bourbonne-les-Bains (4,000 hab.), connu par ses eaux minérales.

DÉPARTEMENT DE LA MARNE.

Châlons-sur-Marne (16,000 hab.) possède une belle écoles d'arts et métiers.

Reims (46,000 hab.), ville où se faisait le sacre des rois de France. C'est la patrie de Colbert.

Épernay (8,000 hab.), sur la Marne, produit les meilleurs vins de Champagne.

DÉPARTEMENT DES ARDENNES.

Mézières (5,000 hab.), ville forte sur la Meuse.

Sedan (17,000 hab.), ville forte sur la Meuse, connu par ses draps. C'est la patrie de Turenne.

Rocroy (4,000 hab.), célèbre par la victoire que le grand Condé y remporta en 1643.

LORRAINE.

41. La Lorraine, dont une partie est couverte de montagnes, renferme de riches mines de sel gemme.

DÉPARTEMENT DE LA MEURTHE.

Nancy (45,000 hab.); c'est près de cette ville que Charles le Téméraire, duc de Bourgogne, fut vaincu et tué par les Suisses en 1477.

Lunéville (16,000 hab.) fut la résidence de Stanislas, qui devint duc de Lorraine, après avoir été roi de Pologne.

DÉPARTEMENT DE LA MOSELLE.

Metz (58,000 hab.), sur la Moselle, ville très-forte, possède l'école d'application de l'artillerie et du génie.

DÉPARTEMENT DE LA MEUSE.

Bar-le-Duc (14,000 hab.).

Verdun (14,000 hab.), ville forte et commerçante, où la Meuse commence à être navigable.

DÉPARTEMENT DES VOSGES.

Épinal (11,000 hab.), sur la Moselle, possède des papeteries et des faïenceries.

Mirecourt (5,000 hab.) a des fabriques importantes de violons, d'orgues et de serinettes.

Plombières (1,400 hab.) a des eaux minérales très-estimées et fabrique beaucoup d'objets en acier.

Domremy (300 hab.), village célèbre par la naissance de Jeanne d'Arc.

EXERCICES.

Que produit l'Ile-de-France? — la Champagne?
Quelles mines renferme la Lorraine?
Quelles sont les villes les plus importantes de Seine-et-Oise? — de l'Oise? etc.

Que remarque-t-on sur Paris? — sur Fontainebleau? — sur Langres? — à Bourbonne-les-Bains? — à Metz? etc.
Où sont les tombeaux des anciens rois de France?

Où se trouve une belle école d'arts et métiers?
Où voit-on une belle manufacture de porcelaine? — une belle manufacture de glaces?

Près de quelle ville fut tué Charles le Téméraire?
Où est née Jeanne d'Arc?
Que fabrique-t-on à Sedan? — à Plombières? — à Mirecourt? etc.

Imprimerie de Gustave Gratiot, 30, rue Mazarine.

A PARIS, chez L. HACHETTE et Cie, RUE PIERRE-SARRAZIN, n° 14.

TABLEAUX DE GÉOGRAPHIE,

Par MM. Meissas et Michelot.

FRANCE.

ALSACE.

42. L'Alsace est une des provinces les plus fertiles et les mieux cultivées de la France; elle fait un commerce considérable. La plus grande partie des Alsaciens parlent encore la langue allemande.

DÉPARTEMENT DU BAS-RHIN.

Strasbourg (**76,000** hab.), près du Rhin, l'une des villes les plus fortes et les plus commerçantes de la France; le clocher de la cathédrale, haut de **142** mètres, est le monument le plus élevé du monde après la grande Pyramide d'Égypte. C'est dans cette ville que l'imprimerie fut inventée par Jean Guttenberg, de Mayence, en **1436**.

Schelestadt (**10,000** hab.), place forte; l'art de vernisser les vases de terre y fut inventé.

Mutzig et *Klingenthal*, bourgs remarquables par leurs manufactures d'armes.

DÉPARTEMENT DU HAUT-RHIN.

Colmar (**21,000** hab.) fabrique des toiles peintes et du drap.

Mulhausen ou *Mulhouse* (**30,000** hab.), sur le canal de l'Est, célèbre par son industrie, fabrique surtout des toiles peintes.

FRANCHE-COMTÉ.

43. La Franche-Comté est en partie couverte de montagnes; elle renferme de vastes forêts, des pâturages et des vignobles; on y trouve des sources d'eau salée. On y fabrique beaucoup d'horlogerie et de fromages.

DÉPARTEMENT DU DOUBS.

Besançon (**41,000** hab.), ville forte, sur le Doubs, fabrique beaucoup d'horlogerie.

Montbelliard (**6,000** hab.), à la jonction du Doubs et du canal de l'Est. Il y a dans les environs des forges, des fabriques considérables d'horlogerie et de machines.

Pontarlier (**5,000** hab.), sur le Doubs; on fabrique dans les environs de cette ville des fromages qui se vendent sous le nom de Gruyère.

DÉPARTEMENT DE LA HAUTE-SAONE.

Vesoul (**7,000** hab.).

Gray (**7,000** hab.), remarquable par ses beaux moulins à farine.

DÉPARTEMENT DU JURA.

Lons-le-Saulnier (**9,000** hab.) possède un bel établissement de salines.

Dôle (**11,000** hab.), sur le Doubs, fabrique des instruments aratoires.

Salins (**7,000** hab.), ville connue par ses salines.

Saint-Claude (**6,000** hab.); on y tourne de jolis ouvrages en corne, en ivoire et en buis.

Sept-Moncel (**1,300** hab.); on y taille les pierreries.

Morez (**3,000** hab.) est le centre d'une grande fabrication d'horlogerie.

BOURGOGNE.

44. La Bourgogne est en général très-fertile; elle est surtout renommée pour ses vins.

DÉPARTEMENT DE LA COTE-D'OR.

Dijon (**32,000** hab.), sur le canal de Bourgogne, ville riche et commerçante, est la patrie de Bossuet.

Beaune (**11,000** hab.), connu par ses vins, dont on fait un très-grand commerce.

DÉPARTEMENT DE L'YONNE.

Auxerre (**14,000** hab.), sur l'Yonne, fait le commerce de vins et de bois.

Sens (**11,000** hab.), sur l'Yonne, remarquable par sa cathédrale.

Chablis (**3,000** hab.), connu par ses vins blancs.

DÉPARTEMENT DE SAONE-ET-LOIRE.

Mâcon (**15,000** hab.), sur la Saône, est renommé pour ses vins.

Châlons-sur-Saône (**17,000** hab.), entrepôt d'un commerce considérable.

Autun (**12,000** hab.) a des fabriques de tapis de pieds.

Le Creuzot (**8,000** hab.), village où l'on fabriquait les cristaux dits de *Mont-Cenis*, a des forges et une belle fonderie.

DÉPARTEMENT DE L'AIN.

Bourg (**12,000** hab.), patrie de l'amiral de Coligny.

Nantua (**4,000** hab.), petite ville très-industrieuse.

LYONNAIS.

45. Le Lyonnais, en partie couvert de montagnes, est riche en mines de fer, de cuivre et de houille. L'industrie y est très-développée et le commerce considérable.

DÉPARTEMENT DU RHONE.

Lyon (**260,000** hab.), au confluent du Rhône et de la Saône, seconde ville de France. Ses fabriques de soieries sont les plus célèbres et les plus importantes du monde.

Tarare (**10,000** hab.) fabrique beaucoup de mousselines.

DÉPARTEMENT DE LA LOIRE.

Montbrison (**8,000** hab.).

Saint-Étienne (**56,000** hab.), une des villes les plus industrieuses de la France, a des mines de charbon de terre, et renferme des manufactures d'armes, de quincaillerie, de rubans de soie; on y remarque l'école des ouvriers mineurs. Cette ville communique avec Lyon et avec Roanne par des chemins de fer.

Roanne (**13,000** hab.), sur la Loire, à l'endroit où cette rivière commence à être navigable, est l'entrepôt du commerce du département.

Rive-de-Gier (**13,000** hab.) possède de riches mines de charbon de terre et des verreries.

EXERCICES.

Quelles sont les productions les plus remarquables de l'Alsace? — de la Franche-Comté? — de la Bourgogne? — du Lyonnais?

Quelle est la province où la plus grande partie des habitants parlent la langue allemande?

Quelles sont les villes remarquables du département du Bas-Rhin? — du Doubs? — du Rhône? — de la Loire? etc.

Quelles sont les villes de Bourgogne renommées pour leurs vins?

Que remarque-t-on à Strasbourg? — à Mulhausen? — aux environs de Pontarlier? — sur Dijon? etc.

Que fabrique-t-on à Lyon? — à Tarare? — à Saint Étienne? — à Rive-de-Gier? etc.

Imprimerie de Gustave GRATIOT, 30, rue Mazarine.

A PARIS, chez L. HACHETTE et Cie, rue PIERRE-SARRAZIN, n° 14.

TABLEAUX DE GÉOGRAPHIE,

Par MM. Meissas et Michelot.

FRANCE.

DAUPHINÉ.

46. Le Dauphiné est couvert en partie de montagnes très-élevées; on y trouve de vastes pâturages, des mines de fer et de plomb.

DÉPARTEMENT DE L'ISÈRE.

Grenoble (**31,000** hab.), sur l'Isère, ville forte, fabrique beaucoup de gants.

Vienne (**21,000** hab.), ville très-ancienne, sur le Rhône, a des fabriques de papiers et de draps.

Voiron (**9,000** hab.); on y fait des toiles de chanvre très-estimées.

DÉPARTEMENT DE LA DROME.

Valence (**16,000** hab.), sur le Rhône, fait le commerce des vins de la côte du Rhône.

DÉPARTEMENT DES HAUTES-ALPES.

Gap (**9,000** hab.).

Briançon (**4,000** hab.), place très-forte, au milieu des Alpes, est la ville la plus élevée de France.

PROVENCE.

47. La Provence, peu fertile en grains, produit en abondance du vin, des olives, des figues, des oranges, des citrons, etc.; on y élève une grande quantité de vers à soie.

DÉPARTEMENT DES BOUCHES-DU-RHONE.

Marseille (**195,000** hab.), troisième ville de France, avec un des plus beaux ports de la Méditerranée et un vaste lazaret, fait un commerce immense; les savons de Marseille sont très-renommés.

Aix (**27,000** hab.); les environs de cette ville produisent les meilleures huiles d'olive.

Arles (**23,000** hab.), sur le Rhône; près de cette ville se trouve l'île de la Camargue, formée par les deux branches principales du Rhône; cette île nourrit une grande quantité de moutons, ainsi que des bœufs et des chevaux, qui y vivent presque dans l'état sauvage.

DÉPARTEMENT DES BASSES-ALPES.

Digne (**5,000** hab.).

DÉPARTEMENT DU VAR.

Draguignan (**9,000** hab.).

Toulon (**69,000** hab.), vaste et excellent port pour les vaisseaux de guerre.

Grasse (**12,000** hab.) fait un grand commerce d'huile d'olive, de savons et de parfums.

Hyères (**10,000** hab.) est entourée de bois d'orangers, de grenadiers et d'autres arbres du midi.

LANGUEDOC.

48. Le climat du Languedoc est chaud et salubre; une partie est montagneuse et stérile; l'autre est naturellement fertile et donne en abondance du grain, des vins, des olives, des grenades, des figues, etc.; on y élève beaucoup de vers à soie et d'abeilles.

DÉPARTEMENT DE LA HAUTE-GARONNE.

Toulouse (**94,000** hab.), sur la Garonne, près du canal du Languedoc, est l'entrepôt des denrées que le nord de la France envoie à l'Espagne.

DÉPARTEMENT DU TARN.

Albi (**14,000** hab.), sur le Tarn, a donné son nom aux Albigeois, secte d'hérétiques contre laquelle on fit une croisade au commencement du XIIIe siècle.

Castres (**21,000** hab.) a de nombreuses fabriques de draps et d'étoffes de coton.

DÉPARTEMENT DE L'AUDE.

Carcassonne (**20,000** hab.), sur l'Aude, fabrique beaucoup de draps, dont une grande partie est envoyée dans le Levant.

Narbonne (**13,000** hab.); ses environs produisent le miel le plus renommé.

DÉPARTEMENT DE L'HÉRAULT.

Montpellier (**46,000** hab.) fabrique beaucoup d'eau-de-vie et de produits chimiques, et possède une célèbre école de médecine.

Béziers (**19,000** hab.), sur le canal du Languedoc, est la patrie de Riquet, à qui l'on doit ce canal.

Cette (**19,000** hab.), port sur la Méditerranée.

Lunel (**6,000** hab.) et *Frontignan* (**2,000** hab.) récoltent d'excellents vins muscats.

Ganges (**5,000** hab.), remarquable par ses fabriques de bas de soie.

DÉPARTEMENT DU GARD.

Nîmes (**54,000** hab.) fabrique beaucoup de soieries. Cette ville est riche en beaux monuments dus aux Romains.

Beaucaire (**11,000** hab.), sur le Rhône, célèbre par une foire qui attire des négociants de toutes les parties du monde.

DÉPARTEMENT DE LA LOZÈRE.

Mende (**7,000** hab.), sur le Lot, a des fabriques de serge.

DÉPARTEMENT DE LA HAUTE-LOIRE.

Le Puy (**16,000** hab.), près de la Loire, fabrique des dentelles.

DÉPARTEMENT DE L'ARDÈCHE.

Privas (**5,000** hab.) fait un grand commerce de soie.

Annonay (**13,000** hab.), renommé pour ses papeteries; patrie de Montgolfier, inventeur des aérostats et du bélier hydraulique.

EXERCICES.

Quelles sont les productions les plus remarquables du Dauphiné? — de la Provence? — du Languedoc?

Quelles sont les principales villes du département de l'Isère? — des Bouches-du-Rhône? — de l'Hérault? — de l'Ardèche? etc.

Que fabrique-t-on à Voiron? — à Marseille? — à Carcassonne? — à Ganges? — à Mende? — à Annonay? etc.

Quelles sont les productions remarquables des environs d'Aix? — d'Hyères? — de Narbonne? etc.

Quel commerce fait-on à Grasse? — à Toulouse? — à Carcassonne? — à Privas? etc.

A quelle secte la ville d'Albi a-t-elle donné son nom?

Que remarque-t-on à Briançon? — à Nîmes? — à Beaucaire? — à Arles? etc.

Où est né Montgolfier?

Imprimerie de Gustave GRATIOT, 30, rue Mazarine.

À PARIS, chez L. HACHETTE et Cie, rue PIERRE-SARRAZIN, n° 14.

TABLEAUX DE GÉOGRAPHIE,

Par MM. Meissas et Michelot.

FRANCE.

ROUSSILLON.

49. Le climat du Roussillon est assez doux pour qu'on puisse y cultiver en pleine terre les orangers, les citronniers et les grenadiers.

DÉPARTEMENT DES PYRÉNÉES-ORIENTALES.

Perpignan (22,000 hab.) fait un grand commerce des vins du Roussillon.

COMTÉ DE FOIX.

50. Le Comté de Foix est riche en mines et en pâturages, et produit beaucoup de liége.

DÉPARTEMENT DE L'ARIÉGE.

Foix (5,000 hab.) a des fabriques d'acier.

BÉARN.

51. Le Béarn est en partie couvert de montagnes et de forêts; on y élève beaucoup de chevaux et de porcs.

DÉPARTEMENT DES BASSES-PYRÉNÉES.

Pau (16,000 hab.), patrie de Henri IV.

Bayonne (19,000 hab.), ville forte, port près de l'embouchure de l'Adour, entrepôt du commerce de la France avec l'Espagne; son chocolat et ses jambons sont renommés.

GUYENNE ET GASCOGNE.

52. Cette province, la plus grande de la France, est fertile, à l'exception d'une partie du département des Landes. On remarque parmi ses produits les vins, les truffes et le liége.

DÉPARTEMENT DE LA GIRONDE.

Bordeaux (131,000 hab.), port sur la Garonne, et la quatrième ville de France, exporte une immense quantité de vins pour toutes les parties du monde.

DÉPARTEMENT DE LA DORDOGNE.

Périgueux (14,000 hab.) fait un grand commerce de truffes.

Sarlat (6,000 hab.), patrie de Fénelon.

DÉPARTEMENT DE LOT-ET-GARONNE.

Agen (16,000 hab.), sur la Garonne, possède une fabrique de toiles à voiles.

DÉPARTEMENT DU LOT.

Cahors (13,000 hab.), sur le Lot, fait un grand commerce de vins et de draps du pays.

DÉPARTEMENT DE L'AVEYRON.

Rodez (10,000 hab.).

Saint-Affrique (7,000 hab.); près de là se trouve le village de *Roquefort*, connu par ses fromages.

DÉPARTEMENT DE TARN-ET-GARONNE.

Montauban (25,000 hab.).

DÉPARTEMENT DES LANDES.

Mont-de-Marsan (5,000 hab.).

Dax (6,000 hab.); saint Vincent de Paul est né à *Pouy*, près de cette ville.

DÉPARTEMENT DU GERS.

Auch (12,000 hab.) fait le commerce d'eau-de-vie.

DÉPARTEMENT DES HAUTES-PYRÉNÉES.

Tarbes (14,000 hab.).

Bagnères-de-Bigorre (8,000 hab.) et *Baréges* sont renommés par leurs eaux minérales.

CORSE.

53. Cette île est couverte de hautes montagnes; les forêts fournissent de beaux bois pour la construction des vaisseaux.

DÉPARTEMENT DE LA CORSE.

Ajaccio (12,000 hab.), place forte avec un port, est la patrie de l'empereur Napoléon.

Bastia (16,000 hab.), port, fait le commerce de poil de chèvre et de corail.

ANGOUMOIS.

54. L'Angoumois est riche en vignes qui fournissent à la fabrication d'une grande quantité d'eau-de-vie.

DÉPARTEMENT DE LA CHARENTE.

Angoulême (21,000 hab.), près de la Charente, a de belles papeteries.

Cognac (6,000 hab.), sur la Charente, fait un immense commerce de ses eaux-de-vie.

SAINTONGE ET PAYS D'AUNIS.

55. Ce pays est plat et en partie marécageux. Les côtes sont couvertes d'un grand nombre de marais salants, dont on tire du sel, regardé comme le meilleur de la France.

DÉPARTEMENT DE LA CHARENTE-INFÉRIEURE.

La Rochelle (17,000 hab.), ville forte avec un bon port, fait un grand commerce d'eau-de-vie et de sel.

Rochefort (24,000 hab.), ville forte sur la Charente, avec un des trois grands ports militaires de la France.

Saintes (11,000 hab.), sur la Charente, fait le commerce d'eau-de-vie.

EXERCICES.

Quelles sont les productions remarquables du Roussillon? — de la Guyenne et de la Gascogne? — de la Corse? etc.

Quelles sont les principales villes du département des Basses-Pyrénées? — de la Dordogne? — de la Corse? — de la Charente-Inférieure? etc.

Quel commerce fait-on à Perpignan? — à Bayonne? — à Bordeaux? — à Bastia? — à Cognac? etc.

Quel est l'homme célèbre qui est né à Pau? — à Sarlat? — à Ajaccio? etc.

Que remarque-t-on à Agen? — près de Saint-Affrique? — à Bagnères? — à Baréges? — à Rochefort? etc.

Quel est le fleuve qui passe à Bordeaux? — quel est le fleuve qui passe à Cognac, etc.

Imprimerie de Gustave Gratiot, 30, rue Mazarine.

A PARIS, chez L. HACHETTE et Cie, rue PIERRE-SARRAZIN, n° 14.

TABLEAUX DE GÉOGRAPHIE,

Par MM. Meissas et Michelot.

FRANCE.

POITOU.

56. Le Poitou a d'excellents pâturages où l'on élève une très-grande quantité de mulets.

DÉPARTEMENT DE LA VIENNE.

Poitiers (29,000 hab.); c'est à quelques lieues de cette ville que Clovis, premier roi de France, vainquit les Visigoths en 507.

Châtellerault (12,000 hab.), sur la Vienne, renommé pour sa coutellerie.

DÉPARTEMENT DES DEUX-SÈVRES.

Niort (19,000 hab.), sur la Sèvre, fabrique beaucoup de gants.

DÉPARTEMENT DE LA VENDÉE.

Napoléon-Vendée (7,000 hab.), bâtie en 1807, sur les ruines de la Roche-sur-Yon.

Les Sables-d'Olonne (6,000 hab.), port sur l'Océan, fait un commerce maritime très-actif.

ANJOU.

57. L'Anjou possède les meilleures carrières d'ardoise de la France; son sol est fertile.

DÉPARTEMENT DE MAINE-ET-LOIRE.

Angers (47,000 hab.), sur la Mayenne, a une manufacture de toiles à voiles.

Saumur (14,000 hab.), sur la Loire, possède une école de cavalerie pour l'armée.

Chollet (10,000 hab.), connu par ses mouchoirs et ses toiles.

BRETAGNE.

58. On trouve dans la Bretagne des mines de plomb et d'argent, d'étain, de houille; cette province est fertile, nourrit beaucoup de bestiaux et fait un grand commerce de toiles et de beurre.

DÉPARTEMENT D'ILLE-ET-VILAINE.

Rennes (39,000 hab.), sur la Vilaine, fait un grand commerce de beurre et de miel; c'est la patrie du connétable Duguesclin.

Saint-Malo (10,000 hab.), port très-fréquenté, patrie de l'amiral Duguay-Trouin.

DÉPARTEMENT DES COTES-DU-NORD.

Saint-Brieuc (14,000 hab.), port à une lieue de la mer, sur une petite rivière.

DÉPARTEMENT DU FINISTÈRE.

Quimper (11,000 hab.), port pour les vaisseaux marchands, au confluent de deux rivières, à trois lieues de l'Océan.

Brest (61,000 hab.), port militaire, le plus beau et le plus sûr de l'Europe.

Morlaix (12,000 hab.), bon port, sur une rivière à deux lieues de la mer.

DÉPARTEMENT DU MORBIHAN.

Vannes (14,000 hab.), ville commerçante, sur un canal qui communique avec le golfe de Morbihan.

Lorient (26,000 hab.), port militaire, près de l'embouchure du Blavet, fait un grand commerce.

DÉPARTEMENT DE LA LOIRE-INFÉRIEURE.

Nantes (96,000 hab.), sixième ville de France, a un port sur la Loire où remontent les vaisseaux de 200 tonneaux et fait un commerce considérable avec toutes les parties du monde.

Paimbœuf (4,000 hab.), port sur la Loire, où les gros vaisseaux débarquent leurs marchandises que les petits navires transportent jusqu'à Nantes.

MAINE.

59. Le Maine est fertile, nourrit des chevaux, des bestiaux, beaucoup de volailles, et fournit une grande quantité de cire.

DÉPARTEMENT DE LA SARTHE.

Le Mans (27,000 hab.), près de la Sarthe, fait le commerce d'étamine et autres étoffes de laine, de bougie et de volaille.

La Flèche (7,000 hab.), sur la Loire, renferme un collége militaire.

Mamers (6,000 hab.) fait un grand commerce de toiles.

DÉPARTEMENT DE LA MAYENNE.

Laval (19,000 hab.), sur la Mayenne, fabrique des toiles et du fil renommés.

ORLÉANAIS.

60. L'Orléanais renferme de belles forêts; le sol de cette province est fertile, excepté dans une partie du département de Loir-et-Cher, qu'on appelle Sologne. Les principales fabriques sont celles de bonneterie pour l'Orient, de vinaigre, de sucre de betteraves, et les raffineries de sucre.

DÉPARTEMENT DU LOIRET.

Orléans (47,000 hab.), sur la Loire, fabrique beaucoup de bonneterie, de vinaigre; possède les raffineries de sucre les plus renommées. Cette ville, assiégée par les Anglais, fut délivrée par Jeanne d'Arc, en 1428.

Montargis (7,000 hab.), près du point de jonction des canaux de Briare, d'Orléans et du Loing.

DÉPARTEMENT D'EURE-ET-LOIR.

Chartres (18,000 hab.), sur l'Eure; sa cathédrale est une des plus belles de France.

DÉPARTEMENT DE LOIR-ET-CHER.

Blois (18,000 hab.), sur la Loire, a vu naître le roi Louis XII, surnommé le Père du peuple.

EXERCICES.

Quelles sont les productions remarquables de l'Anjou? — de la Bretagne? — du Maine? — de l'Orléanais? etc.

Quelles sont les villes remarquables du département de la Vienne? — de Maine-et-Loire? — d'Ille-et-Vilaine? — du Finistère? — de la Sarthe? etc.

Quel commerce fait-on à Châtellerault? — à Rennes? — au Mans? — à Orléans? etc.

Quel est l'homme célèbre qui est né à Rennes? — à Saint-Malo?

Que remarque-t-on à Saumur? — à Brest? — à Lorient? — à la Flèche? — à Chartres?

Qu'est-il arrivé près de Poitiers?

Quel fleuve passe à Nantes? — à Orléans? — à Blois? etc.

Imprimerie de Gustave GRATIOT, 30, rue Mazarine.

A PARIS, chez L. HACHETTE et Cie, rue PIERRE-SARRAZIN, n° 14.

TABLEAUX DE GÉOGRAPHIE,

Par MM. Meissas et Michelot.

FRANCE.

TOURAINE.

61. **La beauté et la fertilité de la Touraine l'ont fait surnommer le jardin de la France.**

DÉPARTEMENT D'INDRE-ET-LOIRE.

Tours **(34,000 hab.), sur la Loire, a beaucoup de fabriques, parmi lesquelles on remarque celles d'étoffes de soie pour ameublement.**

BERRY.

62. **Le Berry est assez fertile et nourrit beaucoup de bestiaux.**

DÉPARTEMENT DU CHER.

Bourges **(25,000 hab.) est la patrie de Louis XI.**

Vierzon **(7,000 hab.), sur le Cher. Le chemin du Centre s'y partage en deux branches.**

DÉPARTEMENT DE L'INDRE.

Châteauroux **(16,000 hab.), sur l'Indre, et *Issoudun* (13,000 hab.), font un grand commerce de laine et de draps.**

NIVERNAIS.

63. **Le Nivernais, riche en mines de fer et de houille, renferme de vastes forêts.**

DÉPARTEMENT DE LA NIÈVRE.

Nevers **(17,000 hab.), sur la Loire, fabrique beaucoup de quincaillerie, de faïence et d'objets en émail, et possède des fonderies et des forges importantes.**

BOURBONNAIS.

64. **Cette province a des mines de fer et de houille, des eaux minérales et beaucoup de forêts.**

DÉPARTEMENT DE L'ALLIER.

Moulins **(17,000 hab.), sur l'Allier, est renommé pour sa coutellerie.**

Vichy **(1,400 hab.), sur l'Allier, est connu par ses eaux minérales.**

MARCHE.

65. **La Marche est peu fertile; elle produit beaucoup de châtaignes et nourrit de nombreux troupeaux.**

DÉPARTEMENT DE LA CREUSE.

Guéret **(5,000 hab.).**

Aubusson **(6,000 hab.), sur la Creuse, et *Felletin* (4,000 hab.), sur la Creuse, fabriquent des tapis renommés.**

LIMOUSIN.

66. **Le Limousin renferme des mines de cuivre, d'étain, de plomb, des terres à porcelaine, et élève beaucoup de chevaux.**

DÉPARTEMENT DE LA HAUTE-VIENNE.

Limoges **(42,000 hab.), sur la Vienne, et *Saint-Yrieix* (8,000 hab.), ont des fabriques de porcelaine.**

CORRÈZE.

Tulle **(12,000 hab.), sur la Corrèze, fait le commerce d'armes à feu.**

AUVERGNE.

67. **L'Auvergne est en grande partie couverte de montagnes où l'on élève des bestiaux et des chevaux; beaucoup d'Auvergnats vont chaque année chercher de l'ouvrage dans les autres départements.**

DÉPARTEMENT DU PUY-DE-DOME.

Clermont-Ferrand **(34,000 hab.) est la patrie de Pascal, célèbre mathématicien.**

Riom **(13,000 hab.), siége d'une cour d'appel.**

DÉPARTEMENT DU CANTAL.

Aurillac **(11,000 hab.) est la patrie du pape Gerbert (Sylvestre II), qui fit connaître en France l'horloge à rouages.**

COMTAT D'AVIGNON ET PRINCIPAUTÉ D'ORANGE.

68. **Le sol de ces provinces est très-varié; on trouve dans les plaines les productions des pays chauds, tandis qu'on voit au sommet des montagnes celles des pays froids. Le sol produit d'excellents vins et beaucoup d'olives.**

DÉPARTEMENT DE VAUCLUSE.

Avignon **(36,000 hab.), sur le Rhône, fabrique beaucoup de soieries, et fait un grand commerce de garance. Cette ville a été longtemps la résidence des papes.**

Carpentras **(11,000 hab.) fait le commerce de safran.**

Orange **(10,000 hab.); on y voit beaucoup d'antiquités romaines.**

Vaucluse **(500 hab.) est connu par la belle fontaine qui donne son nom au département.**

POSSESSIONS FRANÇAISES HORS DE L'EUROPE.

69. **La France possède, 1° *en Asie :* Pondichéry, Mahé, Karikal, Yanaon et Chandernagor; 2° *en Afrique :* la régence d'Alger; la colonie du Sénégal, chef-lieu Saint-Louis; l'île de la Réunion, et les îles Sainte-Marie et Nossi-Bé près de Madagascar, et Mayotte dans les îles Comores; 3° *en Amérique :* les îles Saint-Pierre et Miquelon près de Terre-Neuve; la Martinique et la Guadeloupe, Marie-Galante, les Saintes, la Désirade, une partie de l'île Saint-Martin, dans les petites Antilles; la Guyane Française, cap. Cayenne; 4° *dans l'Océanie :* les îles Marquises et Tahiti.**

EXERCICES.

Quelles sont les productions de la Touraine? — du Bourbonnais? — de l'Auvergne? — du Comtat d'Avignon? etc.

Quelles sont les villes remarquables du département de l'Allier? — de la Haute-Vienne? — du Puy-de-Dôme? — du département de Vaucluse? etc.

Dans quel département se trouve Limoges? — Tours? — Clermont-Ferrand? — Avignon? etc.

Que fabrique-t-on à Tours? — à Aubusson? — à Nevers? — à Saint-Yrieix? — à Avignon? etc.

Que remarque-t-on à Vichy? — à Riom? — à Orange? — à Vaucluse? etc.

Quel fleuve passe à Nevers? — à Avignon?

Quelle rivière passe à Moulins? — à Limoges? etc.

Quelles sont les possessions françaises en Asie? — en Afrique? — en Amérique? — n Océanie?

Imprimerie de Gustave GRATIOT, 30, rue Mazarine.

A PARIS, chez L. HACHETTE et Cie, rue PIERRE-SARRAZIN, n° 14.

TABLEAUX DE GÉOGRAPHIE,

Par MM. Meissas et Michelot.

CONTRÉES DU NORD DE L'EUROPE.

ILES BRITANNIQUES (27,400,000 HAB.).

70. Le climat des Iles Britanniques est froid et humide; le sol est fertile en grains et en pâturages, et renferme de riches mines de fer, de cuivre, d'étain, de charbon de terre.

Les manufactures des Anglais et leur commerce avec toutes les parties du monde font leur principale richesse.

Les Iles Britanniques se divisent en trois parties principales : l'Angleterre, cap. Londres; l'Écosse, cap. Édimbourg; l'Irlande, cap. Dublin.

Les villes les plus remarquables sont : 1° en Angleterre, *Londres* (2,400,000 hab.), sur la Tamise, la ville la plus populeuse et la plus commerçante du monde;

Liverpool (286,000 hab.), port sur la mer d'Irlande, qui fait un immense commerce maritime;

Manchester (296,000 hab.), *Birmingham* (183,000 hab.), et *Bristol* (108,000 hab.), très-remarquables par leurs manufactures et leur commerce;

Douvres (9,000 hab.), lieu de passage le plus fréquenté de France en Angleterre;

2° En Écosse, *Édimbourg* (138,000 hab.), célèbre par son université;

Glasgow (285,000 hab.), la ville la plus populeuse et la plus commerçante de l'Écosse;

3° En Irlande, *Dublin* (300,000 hab.), port sur la mer d'Irlande;

Cork (197,000 hab.), sur un petit golfe.

PRINCIPALES POSSESSIONS ANGLAISES.

71. Les Anglais possèdent de plus : 1° *en Europe*, Gibraltar, sur le détroit de ce nom; Malte dans la Méditerranée, et les Iles Ioniennes.

2° *En Asie*, la plus grande partie de l'Hindoustan, Ceylan, Aden, les îles Sincapour et Hongkong.

3° *En Afrique*, le gouvernement du cap de Bonne-Espérance, l'Ile-de-France, Sainte-Hélène et quelques établissements dans le Sénégal.

4° *En Amérique*, la Nouvelle-Bretagne, la Guyane anglaise, la plupart des petites Antilles.

5° Dans l'*Océanie*, les établissements de la Nouvelle-Hollande, dont la capitale est Sidney.

DANEMARK (2,300,000 HAB.).

72. La partie continentale du Danemark est plate et peu fertile au nord; les îles danoises dans la mer Baltique sont fertiles et très-peuplées. La température de l'Islande est trop froide pour permettre la culture des grains. On exporte de cette île beaucoup d'édredon.

Les principales villes du Danemark sont : *Copenhague* (127,000 hab.), port de mer sur le Sund, dans l'île de Séeland;

Altona (32,000 hab.), port commerçant, près de l'embouchure de l'Elbe.

SUÈDE (4,600,000 HAB.).

73. Le climat de la Suède est froid et le sol peu fertile. Cette contrée exporte une grande quantité de bois de construction. On y trouve beaucoup de mines de fer, d'argent et de cuivre.

La Suède se divise en deux parties : 1° le royaume de Suède, cap. *Stockholm* (86,000, hab.), avec un port sur le lac Mélar;

2° Le royaume de Norvége, cap. *Christiania* (25,000 hab.), port qui fait un grand commerce de fer et de bois de construction.

RUSSIE (61,000,000 HAB.).

74. La Russie d'Europe, dix fois aussi grande que la France, est un pays généralement plat. Les froids y sont tellement rigoureux que le nord n'est susceptible d'aucune culture; mais il y a au milieu et au midi des parties très-fertiles.

La Russie exporte des suifs, des cuirs, des fourrures, des grains, du chanvre et des bois de construction.

On divise la Russie en quatre parties : 1° celle du nord; villes principales : *Saint-Pétersbourg* (456,000 hab.), sur la Néva, cap. de la Russie, remarquable par la beauté de ses édifices;

Riga (60,000 hab.), sur la Duna, et *Arkhangel* (9,000 hab.), sur la Dvina, qui fait un grand commerce de fourrures.

2° La partie du milieu; v. pr. *Moscou* (350,000 hab.), ancienne capitale de la Russie, qui a été prise par les Français, en 1812;

Smolensk (12,000 hab.), sur le Dniéper;

Kasan (41,000 hab.), près du Volga, et *Orenbourg* (6,000 hab.).

3° La partie du sud; v. pr. *Kiev* (48,000 hab.), sur le Dniéper;

Odessa (70,000 hab.), port le plus commerçant de la mer Noire, surtout en grains;

Astrakan (46,000 hab.), port sur la mer Caspienne, fait le commerce de peaux d'agneaux.

4° La Pologne (4,800,000 hab.), cap. *Varsovie* (140,000 hab.), sur la Vistule, ville commerçante, a des fabriques dont les plus importantes sont celles de drap.

POSSESSIONS DES RUSSES HORS DE L'EUROPE.

75. Les Russes possèdent : 1° *en Asie*, la Sibérie et quelques provinces au sud du Caucase.

2° *En Amérique*, l'Amérique russe.

EXERCICES.

Quel est le climat des Iles Britanniques? — de la Russie? etc.

Quelles sont les productions remarquables des Iles Britanniques? — de la Russie? — de l'Islande? etc.

Comment divise-t-on les Iles Britanniques? — la Russie? etc.

Quelle est la capitale de l'Angleterre? — de l'Irlande? — de la Norvége? etc.

Qu'y a-t-il de remarquable à Liverpool? — à Birmingham? — à Arkhangel? etc.

Montrez Édimbourg, — Londres, — Saint-Pétersbourg, — Copenhague, etc.

Quel est le fleuve qui passe à Londres? — à Saint-Pétersbourg? — à Varsovie? etc.

Quelles sont les possessions des Anglais en Europe? — en Afrique? — en Amérique? etc.

Quelles sont les possessions des Russes hors de l'Europe?

Imprimerie de Gustave GRATIOT, 30, rue Mazarine.

A PARIS, chez L. HACHETTE et Cie, RUE PIERRE-SARRAZIN, n° 14.

TABLEAUX DE GÉOGRAPHIE,

Par MM. MEISSAS et MICHELOT.

CONTRÉES DU MILIEU DE L'EUROPE.

HOLLANDE (3,267,000 HAB.).

76. La Hollande est un pays plat, et si peu élevé qu'on a été obligé de construire des digues immenses pour le garantir des inondations de la mer. Le climat est humide et peu salubre.

Le commerce fait la principale richesse des Hollandais.

Les villes les plus remarquables de la Hollande sont : *La Haye* (66,000 hab.), près de la mer du Nord, résidence du roi ;

Amsterdam (239,000 hab.), sur le Zuyderzée, une des villes les plus commerçantes du monde;

Rotterdam (85,000 hab.), sur la Meuse ;

Utrecht (45,000 hab.), sur le Rhin, renommé pour ses velours;

Leyde (39,000 hab.), sur le Rhin, et *Groningue* (26,000 hab.), connus par leurs universités;

Maëstricht (23,000 hab.), place très-forte sur la Meuse.

POSSESSIONS DES HOLLANDAIS HORS DE L'EUROPE.

77. Les Hollandais possèdent : 1° en *Afrique*, Saint-George-de-la-Mine, dans la Guinée septentrionale; 2° en *Amérique*, la Guyane hollandaise, Curaçao et quelques petites îles dans les Antilles; 3° dans l'*Océanie*, une partie de l'île de Sumatra; l'île de Java, cap. *Batavia;* Amboine et quelques autres îles moins importantes.

BELGIQUE (4,400,000 HAB.).

78. La Belgique est fertile et bien cultivée. Le sol renferme des mines de charbon et de fer. Les Belges ont beaucoup d'industrie ; leurs dentelles sont très-renommées.

Les principales villes de la Belgique sont : *Bruxelles* (117,000 hab.), renommé pour ses dentelles ;

Anvers (89,000 hab.), port très-important sur l'Escaut;

Gand (113,000 hab.), sur l'Escaut, ville très-commerçante ;

Liége (78,000 hab.), sur la Meuse, et *Mons* (18,000 hab.). Ces deux dernières villes ont de riches mines de houille;

Malines (27,000 hab.), renommé pour ses dentelles, et *Namur* (24,000 hab.), place forte sur la Meuse.

SUISSE (2,400,000 HAB.).

79. La Suisse est une contrée montagneuse. On jouit dans les vallées d'une douce température. Le pays est riche en pâturages et nourrit beaucoup de bestiaux.

La Suisse se divise en vingt-deux cantons qui ont chacun un gouvernement particulier; les principales villes sont : *Berne* (22,000 hab.), sur l'Aar;

Genève (27,000 hab.), sur le lac de Genève, où l'on fabrique beaucoup d'horlogerie ;

Bâle (22,000 hab.), sur le Rhin, où l'on dit que fut inventé l'art de faire du papier avec des chiffons;

Zurich (11,000 hab.), sur le lac de Zurich , où les Français battirent, en 1799, l'armée des Russes et des Autrichiens ;

Lausanne (12,000 hab.), remarquable par la beauté de ses environs ;

Fribourg (9,000 hab.) fait un grand commerce de fromage de gruyère ;

Altorf (4,000 hab.), où éclata, en 1308, la révolution qui donna la liberté aux Suisses.

EMPIRE D'AUTRICHE (37,000,000 HAB).

80. L'empire d'Autriche est un peu plus vaste et un peu plus peuplé que la France.

Le climat est doux et le sol généralement fertile. On trouve dans cette contrée des mines d'or, d'argent, de fer, de cuivre.

L'empire d'Autriche se divise en treize provinces, savoir : six qui font partie de la Confédération germanique; ce sont : 1° l'archiduché d'*Autriche*, cap. *Vienne* (358,000 hab.), sur le Danube;

Wagram, village célèbre par la bataille que les Français y gagnèrent en 1809 sur les Autrichiens;

2° La *Styrie*, cap. *Gratz* (42,000 hab.);

3° L'*Illyrie*, cap. *Laybach* (16,000 hab.), près de la Save;

4° Le *Tyrol*, cap. *Inspruck* (11,000 hab.), sur l'Inn;

Trente (15,000 hab.), sur l'Adige, célèbre par le Concile qui s'y tint en 1545 contre les protestants;

5° Le royaume de *Bohême*, cap. *Prague* (135,000 hab.);

6° La *Moravie*, cap. *Brunn* (38,000 hab.);

Austerlitz (2,000 hab.), bourg où les Français remportèrent, en 1805, une grande victoire sur les Russes et les Autrichiens.

Sept provinces qui ne font pas partie de la Confédération germanique, savoir : 1° la *Gallicie*, qui faisait autrefois partie de la Pologne, cap. *Lemberg* (57,000 hab.);

2° Le royaume de *Hongrie*, cap. *Bude* (41,000 hab.), sur le Danube; v. pr. *Pesth* (63,000 hab.), et *Presbourg* (42,000 hab.) ;

3° La *Transylvanie*, cap. *Hermanstadt* (18,000 hab.);

4° La *Sclavonie*, cap. *Eszeck* (10,000 hab.), sur la Drave ;

5° La *Croatie*, cap. *Agram* (17,000 hab.);

6° La *Dalmatie*, cap. *Zara* (7,000 hab.), bon port sur l'Adriatique;

7° Le royaume *Lombard-Vénitien* qui fait partie de l'Italie, cap. *Milan* (150,000 hab.).

EXERCICES.

Quel est le climat de la Hollande ? — de la Suisse ? — de l'Autriche ?

Quel est l'aspect de la Hollande ? — de la Suisse?

Qu'a-t-on fait pour garantir la Hollande des inondations de la mer ?

Quelles mines trouve-t-on en Belgique ? — en Autriche ?

Quelles sont les principales villes de la Hollande ? — de la Belgique ? etc.

Comment divise-t-on l'empire d'Autriche ? — la Suisse?

Quelle est la capitale de l'Illyrie ? — de la Hongrie? etc.

Montrez Amsterdam, — Leyde, — Gand, — Genève, etc.

Quel est le fleuve qui passe à Rotterdam? — à Maestricht? — à Vienne? etc.

Qu'y a-t-il de remarquable à Utrecht? — — à Malines? — à Genève ? etc.

Quelles sont les possessions des Hollandais hors de l'Europe?

Imprimerie de GUSTAVE GRATIOT, 30, rue Mazarine.

A PARIS, CHEZ L. HACHETTE ET Cie, RUE PIERRE-SARRAZIN, N° 14.

TABLEAUX DE GÉOGRAPHIE,

Par MM. Meissas et Michelot.

SUITE DES CONTRÉES DU MILIEU DE L'EUROPE.

PRUSSE (16,300,000 HAB.).

81. La Prusse est un pays généralement plat et très-peuplé. Le climat est presque partout trop froid pour la culture de la vigne. Cependant les bords du Rhin et de la Moselle donnent des vins estimés. Le sol est fertile et nourrit beaucoup de troupeaux.

Le royaume de Prusse se divise en huit provinces, savoir : six dans la Confédération germanique, qui sont :

1° Le Brandebourg, cap. *Berlin* (409,000 hab.), v. pr. *Postdam* (40,000 hab.), et *Francfort-sur-l'Oder* (17,000 hab.);

2° La Poméranie, cap. *Stettin* (46,000 hab.), sur l'Oder, et *Stralsund* (16,000 hab.), port sur la mer Baltique;

3° La province de Saxe, capitale *Magdebourg* (56,000 hab.), sur l'Elbe;

4° La Silésie, cap. *Breslau* (112,000 hab.), sur l'Oder;

5° La Westphalie, cap. *Munster* (21,000 hab.);

6° La Province Rhénane qui comprend :

Le duché de Clèves et de Berg, cap. *Cologne* (95,000 hab.), v. pr. *Bonn* (13,000 hab.), toutes deux sur le Rhin; et le duché du Bas-Rhin, cap. *Coblentz* (16,000 hab.), sur le Rhin, v. pr. *Aix-la-Chapelle* (49,000 hab.), qui fut la résidence de Charlemagne, et qui possède des bains d'eaux minérales; *Trèves* (16,000 hab.), sur la Moselle.

Deux provinces hors de la Confédération, qui sont :

1° La Prusse orientale, cap. *Kœnigsberg* (75,000 hab.), près la mer Baltique; v. princ. *Dantzig* (67,000 hab.), port près de l'embouchure de la Vistule;

2° Le grand-duché de Posen, cap. *Posen* (43,000 hab.), sur la Warthe. Ces deux dernières provinces faisaient autrefois partie de la Pologne.

ÉTATS SECONDAIRES DE L'ALLEMAGNE (17,000,000 HAB.).

82. Les États secondaires offrent au nord de vastes plaines; le milieu est couvert d'immenses forêts; il y a dans le sud quelques chaînes de montagnes; on y trouve des mines d'argent, de plomb et d'autres métaux. Le pays est fertile en grains, en pâturages, etc. Ces États forment, avec une partie de l'Autriche et de la Prusse, la Confédération germanique ou Allemagne. On en compte trente-quatre, dont les principaux sont : quatre royaumes :

1° Le Hanovre, cap. *Hanovre* (28,000 hab.), v. p. *Gœttingue* (11,000 hab.), remarquable par son université;

2° La Saxe, cap. *Dresde* (75,000 hab.), sur l'Elbe, v. pr. *Leipzig* (52,000 hab.), qui fait un grand commerce de librairie;

3° La Bavière, cap. *Munich* (108,000 hab.), sur l'Isar, v. p. *Augsbourg* (37,000 hab.), *Nuremberg* (47,000 hab.), et *Ratisbonne* (22,000 hab.), sur le Danube;

4° Le Wurtemberg, cap. *Stuttgard* (49,000 hab.), sur le Necker, v. pr. *Ulm* (16,000 hab.), sur le Danube.

Une principauté : la Hesse électorale, cap. *Cassel* (32,000 hab.).

Sept grands duchés, 1° Mecklenbourg-Schwerin, cap. *Schwerin* (13,000 hab.);

2° Mecklenbourg-Strélitz, cap. *Strélitz* (10,000 hab.);

3° Oldenbourg, cap. *Oldenbourg* (8,000 hab.);

4° Saxe-Weimar, cap. *Weimar* (10,000 hab.), v. pr. *Iéna* (6,000 hab.), célèbre par son université et par la victoire que les Français y remportèrent sur les Prussiens en 1806;

5° Luxembourg, cap. *Luxembourg* (10,000 hab.), ville forte, regardée comme imprenable;

6° Hesse-Darmstadt, cap. *Darmstad* (25,000 hab.);

7° Bade, cap. *Carlsruhe* (22,000 hab.).

Cinq duchés : ceux de Holstein et de Lauenbourg, au Danemark; de Brunswick, cap. *Brunswick* (37,000 hab.); de Saxe-Cobourg-Gotha, cap. *Cobourg* (9,000 hab.); de Nassau, cap. *Wiesbaden* (7,000 hab.).

Quatre villes libres : *Lubeck* (27,000 hab.), près de la mer Baltique; *Hambourg* (157,000 hab. sur l'Elbe; *Brême* (42,000 hab.), sur le Wéser, et *Francfort-sur-le-Main* (55,000 hab.) : ces quatre villes font un très-grand commerce.

EXERCICES.

Quel est l'aspect de la Prusse? — des États secondaires de l'Allemagne? etc.

Quelles mines trouve-t-on dans les États secondaires de l'Allemagnes?

Comment divise-t-on la Prusse? — les États secondaires de l'Allemagne?

Montrez le Brandebourg, — la Poméranie, — la Westphalie, — le Wurtemberg, — la Bavière, etc.

Montrez Breslau, — Cologne, — Mayence, etc.

Quelle est la capitale de la Prusse orientale? — du royaume de Saxe? — de la Bavière? etc.

Quel est le fleuve qui passe à Mayence? — à Cologne? — à Dresde? — à Brême? etc.

Qu'y a-t-il de remarquable à Iéna? — à Gœttingue? etc.

A quel royaume appartenaient autrefois la Prusse orientale et le grand-duché de Posen?

Imprimerie de Gustave Gratiot, 30, rue Mazarine.

A PARIS, chez L. HACHETTE et Cie, rue PIERRE-SARRAZIN, n° 14.

TABLEAUX DE GÉOGRAPHIE,

Par MM. Meissas et Michelot.

CONTRÉES DU MIDI DE L'EUROPE.

PORTUGAL (3,400,000 HAB.).

83. Le Portugal est une contrée peu étendue. Le climat y est doux et salubre. On trouve dans ce pays des mines de plomb, de cuivre, etc.; le sol est fertile, mais mal cultivé; les Portugais exportent des oranges et du vin.

Le Portugal est divisé en six provinces : 1° la province entre Douro et Minho, cap. *Braga* (15,000 hab.), v. pr. *Porto* (80,000 hab.), à l'embouchure du Douro, qui fait un grand commerce de vins;

2° La province de Tras-os-Montès, cap. *Bragance* (4,000 hab.);

3° La province de Beïra, cap. *Coïmbre* (16,000 hab.), sur le Mondégo, connu par son université;

4° L'Estramadure, cap. *Lisbonne* (260,000 hab.), à l'embouchure du Tage;

5° L'Alentéjo, cap. *Évora* (12,000 hab.);

6° L'Algarve, cap. *Lagos* (7,000 hab.), port sur l'Océan.

POSSESSIONS PORTUGAISES HORS DE L'EUROPE.

84. Les Portugais possèdent, 1° en *Asie*, Diu et Goa, dans l'Hindoustan; et Macao, dans la Chine;

2° En *Afrique*, les îles Açores, Madère, les îles du cap Vert, l'île Saint-Thomas, une partie de la Guinée méridionale, le Mozambique, et plusieurs établissements dans le Monomotapa et sur la côte de Zanguebar;

3° Dans l'*Océanie*, un établissement à Timor.

Les Portugais, qui ont fait les premières découvertes en Afrique, se sont réservé un commerce exclusif dans plusieurs contrées de cette partie du monde.

ESPAGNE (14,200,000 HAB.).

85. L'Espagne est traversée par un grand nombre de chaînes de montagnes. Le climat est très-chaud sur les côtes; mais il est tempéré au centre par la grande élévation du sol. L'Espagne possède des mines de fer, de mercure, de plomb, de cuivre. La terre y est généralement fertile, mais elle est mal cultivée. On y récolte d'excellents vins. C'est d'Espagne qu'on a tiré les moutons appelés *mérinos*, qui donnent la plus belle laine.

L'Espagne contient quatorze provinces ou royaumes, savoir : quatre au nord, 1° la Galice, cap. *Santiago de Compostelle* (28,000 hab.), où les Espagnols vont révérer les reliques de l'apôtre saint Jacques; la *Corogne* (24,000 hab.), et le *Ferrol* (15,000 hab.), ports de mer importants;

2° Les Asturies, cap. *Oviédo* (10,000 hab.);

3° Les provinces Basques, cap. *Bilbao* (15,000 hab.);

4° La Navarre, cap. *Pampelune* (15,000 hab.), place forte très-importante.

Quatre au milieu, 1° le royaume de Léon, cap. *Léon* (6,000 hab.), v. pr. *Salamanque* (15,000 hab.), célèbre par son université;

2° La Vieille-Castille, cap. *Burgos* (10,000 hab.);

3° La Nouvelle-Castille, cap. *Madrid* (200,000 hab.), v. pr. *Tolède* (15,000 hab.), sur le Tage;

4° L'Estramadure, cap. *Badajoz* (15,000 hab.), sur la Guadiana.

Deux au sud, 1° l'Andalousie, ville pr. *Séville* (90,000 hab.), sur le Guadalquivir, ville très-commerçante et la plus belle de l'Espagne; *Cordoue* (57,000 hab.), sur le Guadalquivir, ancienne capitale d'un royaume mahométan; *Cadix* (70,000 hab.), port de mer dans une petite île, principal entrepôt du commerce de l'Espagne; *Grenade* (80,000 hab.), cap. du dernier royaume des Maures d'Espagne; *Malaga* (52,000 hab.), connu par ses vins;

2° Le royaume de Murcie, cap. *Murcie* (36,000 hab.), v. pr. *Carthagène* (30,000 hab.).

Quatre à l'est, 1° l'Aragon, capitale *Saragosse* (43,000 hab.), sur l'Èbre;

2° La Catalogne, cap. *Barcelone* (150,000 hab.), port de mer très-commerçant;

3° Le royaume de Valence, capitale *Valence* (80,000 hab.);

4° Les îles Baléares qui sont Majorque, cap. *Palma* (34,000 hab.); Minorque, cap. *Port-Mahon* (20,000 hab.); Iviça, cap. *Iviça* (6,000 hab.), et Formentéra.

Nota. Ces quatorze grandes provinces sont partagées aujourd'hui en quarante-huit nouvelles provinces, qui portent presque toutes le nom de leur chef-lieu.

POSSESSIONS ESPAGNOLES HORS DE L'EUROPE.

86. Les Espagnols possèdent, 1° en *Afrique*, Ceuta dans la Barbarie, et les îles Canaries;

2° En *Amérique*, les îles de Cuba et de Porto-Rico;

3° Dans l'*Océanie*, les Philippines et les Mariannes.

EXERCICES.

Quel est le climat du Portugal? — de l'Espagne?

Quel est l'aspect de l'Espagne?

Quelles sont les productions exportées par les Portugais?

Quelles mines trouve-t-on en Espagne? — en Portugal?

De quelle contrée a-t-on tiré les mérinos?

Comment divise-t-on l'Espagne? — le Portugal?

Montrez la province entre Douro et Minho, — de Tras-os-Montès, etc.

Montrez Lisbonne, — Porto, — Coïmbre, — Madrid, — Salamanque, etc.

Quelle est la capitale de la province de Beïra? — de la Catalogne? — de l'Andalousie? etc.

Qu'y a-t-il de remarquable à Porto? — à Lisbonne? — à Salamanque? — à Malaga? etc.

Quel est le fleuve qui passe à Lisbonne? — à Séville? — à Cordoue? etc.

Quelles sont les possessions étrangères du Portugal? — de l'Espagne? etc.

Imprimerie de Gustave Gratiot, 30, rue Mazarine.

A PARIS, chez L. HACHETTE et Cie, rue PIERRE-SARRAZIN, n° 14.

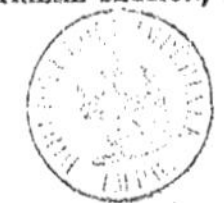

TABLEAUX DE GÉOGRAPHIE,

Par MM. Meissas et Michelot.

CONTRÉES DU MIDI DE L'EUROPE.

ITALIE (24,000,000 HAB.).

87. L'Italie jouit d'un climat chaud et généralement sain. Ce pays charme les voyageurs par la beauté des sites qu'offrent les Alpes et les Apennins, et par les monuments qu'on y rencontre à chaque pas. Le sol est fertile; on y cultive avec succès le riz, le coton, la canne à sucre, l'olivier et l'oranger. On y fabrique des étoffes de soie, de belles glaces et des chapeaux de paille.

L'Italie se divise en sept États, dont cinq grands et deux petits. Les cinq grands sont :

1° Les États du roi de Sardaigne qui comprennent le Piémont, cap. *Turin* (143,000 hab.), sur le Pô, v. pr. *Alexandrie* (46,000 hab.), que les Français avaient fortifiée;

La Savoie, cap. *Chambéry* (12,000 hab.);

L'État de Gênes, cap. *Gênes* (125,000 hab.), port très-commerçant;

Le comté de Nice, cap. *Nice* (37,000 hab.), port remarquable par la douceur de son climat;

Et l'île de Sardaigne, cap. *Cagliari* (35,000 hab.).

2° Le royaume Lombard-Vénitien, cap. *Milan* (150,000 hab.), v. pr. *Venise* (115,000 hab.), ville bâtie sur soixante-douze îles, et qui faisait autrefois un commerce immense; *Padoue* (52,000 hab.); *Vérone* (60,000 hab.), sur l'Adige, et *Mantoue* (30,000 hab.), place forte; ce royaume appartient à l'Autriche.

3° Le grand-duché de Toscane, cap. *Florence* (105,000 hab.), sur l'Arno, ville riche en beaux monuments; v. pr. *Livourne* (88,000 hab.), port très-commerçant; *Lucques* (22,000 hab.) et *Pise* (22,000 hab.), sur l'Arno.

4° Les États de l'Église, cap. *Rome* (180,000 hab.), sur le Tibre, autrefois la capitale de presque tout le monde connu des anciens; *Bologne* (75,000 hab.); *Ferrare* (24,000 hab.); *Ravenne* (24,000 hab.); *Ancône* (35,000 hab.), port très-important sur l'Adriatique; *Pérouse* (25,000 hab.), près du lac du même nom, et *Civita-Vecchia* (8,000 hab.), port très-commerçant.

5° Le royaume des Deux-Siciles, capitale *Naples* (401,000 hab.), près du mont Vésuve, fabrique des étoffes de soie, d'or et d'argent, v. pr. *Palerme* (180,000 hab.), port et capitale de la Sicile; *Messine* (85,000 hab.), près du détroit qui sépare la Sicile de l'Italie, et *Tarente* (19,000 hab.), près du golfe de Tarente.

Les deux petits États sont: 1° le duché de Parme, cap. *Parme* (40,000 hab.), v. pr. *Plaisance* (28,000 hab.), sur le Pô;

2° Le duché de Modène, cap. *Modène* (27,000 hab.).

TURQUIE (15,500,000 HAB.).

88. La Turquie est un pays montagneux, surtout vers le sud. L'air y est pur et salubre; mais la négligence des Turcs les expose souvent aux ravages de la peste. L'industrie est peu développée dans cette contrée. On peut diviser la Turquie en neuf provinces, dont cinq au nord qui sont :

1° La Moldavie, cap. *Jassy* (40,000 hab.);

2° La Valachie, cap. *Bukarest* (45,000 hab.);

3° La Bulgarie, cap. *Sophie* (30,000 hab.);

4° La Servie, cap. *Belgrade* (30,000, hab.), sur le Danube;

5° La Bosnie, cap. *Bosna-Séraï* (60,000 hab.);

Quatre au sud qui sont : 1° la Romélie, cap. *Constantinople* (600,000 hab.), port regardé comme un des plus beaux du monde, v. pr. *Andrinople* (120,000 hab.), et *Salonique* (70,000 hab.), port sur le golfe du même nom;

2° L'Albanie, cap. *Scutari* (20,000 hab.);

3° La Thessalie, cap. *Larisse* (20,000 hab.);

4° L'île de Candie, cap. *Candie* (15,000 hab.).

POSSESSIONS DE LA TURQUIE HORS DE L'EUROPE.

89. Les Turcs possèdent 1° en *Asie*, la Turquie d'Asie et une partie de l'Arabie;

2° En *Afrique*, l'Égypte, et les beyliks de Tunis et de Tripoli relèvent de la Turquie.

Nota. En Europe, la Moldavie, la Valachie et la Servie, sont devenues à peu près indépendantes.

GRÈCE (1,100,000 HAB.).

90. La Grèce est en grande partie couverte de montagnes qui adoucissent la chaleur du climat. Les ravages de la guerre n'ont pas encore permis aux habitants de cette contrée de donner beaucoup de développements à leur industrie. Les Grecs sont renommés comme bons marins.

La Grèce est divisée en gouvernements ou districts, tous peu considérables; les principales villes sont: *Athènes* (27,000 hab.), et *Nauplie* (12,000 hab.).

EXERCICES.

Quel est le climat de la Turquie? — de l'Italie? Quel est l'aspect de la Grèce? — de l'Italie? Quelles sont les productions de l'Italie? Comment divise-t-on la Turquie? — l'Italie? Montrez le Piémont, — les États de l'Église, — le duché de Toscane, — la Romélie, — la Bulgarie, etc.

Montrez Turin, — Gênes, — Naples, — Rome, — Florence, — Andrinople, — Belgrade? — Athènes, — Nauplie, etc.

Qu'y a-t-il de remarquable à Nice? — à Venise? — à Constantinople? à Athènes? etc.

Quelle est la capitale du royaume Lombard-Vénitien? — du royaume des Deux-Siciles? — de la Moldavie? etc.

Quel est le fleuve qui passe à Plaisance? — à Rome? — à Belgrade?

Quelles sont, hors de l'Europe, les possessions de la Turquie?

Imprimerie de Gustave GRATIOT, 30, rue Mazarine.

A PARIS, chez L. HACHETTE et Cie, RUE PIERRE-SARRAZIN, n° 14.

TABLEAUX DE GÉOGRAPHIE,

Par MM. MEISSAS et MICHELOT.

ASIE.

ASIE (664,000,000 HAB.).

91. Cette partie du monde est quatre fois aussi grande que l'Europe. Dans le nord s'étendent de vastes plaines, rendues stériles par la rigueur du froid. Au milieu sont de hautes montagnes, dont les sommets sont couverts de glaces éternelles. Au sud, la chaleur est excessive et le sol d'une fertilité prodigieuse. On trouve au sud-ouest de grands déserts de sable. On tire de l'Asie des diamants et d'autres pierres fines, du café, du thé, des parfums, de l'indigo, des épices, du vernis, etc.

Les animaux les plus remarquables sont, dans le nord, les animaux à fourrures; dans le midi, le lion, le tigre, l'éléphant, le rhinocéros, le chameau, le dromadaire et les chevaux, dont les plus renommés sont ceux de la Perse et de l'Arabie.

On fabrique en Asie beaucoup de tissus de soie, de coton, des cachemires, de la porcelaine, des lames dites *Damas*, de l'encre dite *de Chine*, etc.

CONTRÉES.

92. On peut diviser l'Asie en onze contrées, dont une au nord, c'est la Sibérie ou Russie d'Asie, cap. *Tobolsk ;*

Quatre au milieu : 1° la Turquie d'Asie, v. pr. *Smyrne, Damas, Jérusalem, Bagdad;* 2° le Turkestan ou Tartarie indépendante, v. pr. *Boukhara, Samarkand, Khiva ;* 3° la Chine, cap. *Péking ;* 4° le Japon, cap. *Yédo;*

Six au midi qui sont : 1° l'Arabie, v. pr. *la Mecque;* 2° la Perse, cap. *Téhéran ;* 3° l'Afghanistan, cap. *Caboul;* 4° le Bélouchistan, cap. *Kélat ;* 5° l'Hindoustan, v. pr. *Délhy, Calcutta, Pounah, Bombay, Madras* et *Pondichéry ;* 6° l'Indo-Chine, v. pr. *Oummérapoura, Ava, Saigon, Bankok* et *Malacca.*

MERS.

93. L'Asie est baignée par treize mers, dont 1° quatre grandes : l'Océan glacial au nord; la Méditerranée à l'ouest; la mer des Indes au sud, et le grand Océan à l'est; 2° neuf petites : la mer Caspienne, la mer Noire, la mer de Marmara et l'Archipel à l'ouest la mer de la Chine, la mer Jaune, la mer du Japon, la mer d'Okhotsh et la mer de Béhring à l'est.

DÉTROITS.

94. Les cinq principaux détroits de l'Asie sont les détroits de Constantinople et des Dardanelles, entre la Turquie d'Europe et la Turquie d'Asie ; le détroit de Bab-el-Mandeb, entre l'Arabie et l'Afrique; le détroit de Malacca, au sud de l'Indo-Chine; le détroit de Béhring, entre l'Asie et l'Amérique.

GOLFES.

95. On remarque en Asie sept golfes principaux, savoir: le golfe Arabique ou mer Rouge, le golfe Persique, le golfe d'Oman et le golfe du Bengale formés par la mer des Indes; le golfe de Siam et le golfe du Tonkin formés par la mer de la Chine; le golfe de Petchili formé par la mer Jaune.

ILES.

96. Les huit principalesîl es de l'Asie sont : les Sporades, Rhodes et Chypre dans la Méditerranée; Ceylan dans la mer des Indes; Haïnan dans la mer de la Chine; Formose, les îles du Japon, et les Aléoutiennes dans le grand Océan.

PRESQU'ILES.

97. Les deux presqu'îles les plus remarquables de l'Asie sont : la presqu'île de Malacca au sud de l'Indo-Chine, et le Kamtschatka à l'est de la Sibérie.

CAPS.

98. Les cinq principaux caps de l'Asie sont: le cap Baba à l'ouest de la Turquie d'Asie; le cap Comorin au sud de l'Indoustan; le cap Romania au sud de la presqu'île de Malacca; le cap oriental à l'est de la Sibérie; et le cap septentrional au nord de la même contrée.

MONTAGNES.

99. Les huit principales chaînes de montagnes de l'Asie sont : le Caucase et les monts Ourals, entre l'Europe et l'Asie; l'Altaï entre la Sibérie et l'empire chinois; les monts Bolor entre le Turkestan et l'empire chinois; les monts Himalaya, entre l'empire chinois et l'Hindoustan; les Gates dans l'Hindoustan; le Taurus et le Liban dans la Turquie d'Asie.

LACS.

100. Les cinq lacs principaux de l'Asie sont : le lac Baïkal en Sibérie; le lac Van et la mer Morte en Turquie; le lac d'Aral dans le Turkestan et le lac Ourmia dans la Perse.

FLEUVES.

101. On compte en Asie dix fleuves principaux, ce sont : l'Obi, l'Iénisséi et la Léna, qui se jettent dans l'Océan glacial; le Hoang-Ho et le Kiang, qui se jettent dans la mer Jaune; le Mei-Kong, qui se jette dans la mer de la Chine; l'Iraouaddy et le Gange, qui se jettent dans le golfe du Bengale; le Sind ou Indus, qui se jette dans le golfe d'Oman; et le Chat-el-Arab, qui se jette dans le golfe Persique: ce dernier fleuve est formé par la réunion du Tigre et de l'Euphrate.

EXERCICES.

Quel est l'aspect de l'Asie?
Que tire-t-on de cette partie du monde?
Quels sont les animaux remarquables de l'Asie?
Que fabrique-t-on en Asie?
En combien de contrées divise-t-on l'Asie?
Quelles sont les principales mers de l'Asie?
Montrez la Turquie d'Asie, — la Chine, — Yédo, — Calcutta, etc.
Quelles sont les contrées qui touchent la Chine? — la Turquie d'Asie? etc.
Quelles sont les mers qui baignent la Russie d'Asie? — l'Indo-Chine? etc.
Quels sont les principaux détroits de l'Asie?
Quels sont les principaux golfes de l'Asie?
Quelles sont les principales îles de l'Asie?
Quelles sont les presqu'îles de l'Asie?
Quels sont les principaux caps de l'Asie?
Quelles sont les chaînes de montagnes les plus remarquables de l'Asie?
Quelle est la chaîne qui est entre la Sibérie et la Russie d'Europe? — entre l'empire chinois et l'Hindoustan?
Quels sont les principaux lacs de l'Asie?
Quels sont les fleuves de l'Asie?
Dans quelle contrée coule l'Iénisséi? — l'Indus? — le Gange? etc.

Imprimerie de GUSTAVE GRATIOT, 30, rue Mazarine.

A PARIS, CHEZ L. HACHETTE ET Cie, RUE PIERRE-SARRAZIN, N° 14.

TABLEAUX DE GÉOGRAPHIE

[illegible]

TABLEAUX DE GÉOGRAPHIE,

Par MM. MEISSAS et MICHELOT.

AFRIQUE.

AFRIQUE (90,000,000 HAB.).

102. L'Afrique est trois fois aussi grande que l'Europe. C'est une immense presqu'île qui est jointe à l'Asie par l'isthme de Suez. Nous ne connaissons bien que les côtes de cette partie du monde. On y voit dans quelques contrées des déserts immenses et arides; d'autres contrées ont une fertilité prodigieuse, mais elles sont mal cultivées. On tire de l'Afrique de l'or, de l'ambre, des grains, du coton, des aromates, etc.

L'Afrique nourrit les animaux les plus redoutables : les lions, les tigres, les panthères, les léopards, les hyènes, les crocodiles, les serpents. On y trouve aussi l'éléphant, la girafe, le rhinocéros, l'hippopotame, le buffle, le zèbre, les singes, le chameau, le dromadaire, le cheval, l'âne.

Parmi les oiseaux, on remarque l'autruche, dont les plumes sont recherchées.

Les peuples de cette partie du monde sont encore plongés dans la barbarie; on trouve dans l'intérieur beaucoup de tribus toujours en guerre, dont quelques-unes, dit-on, dévorent leurs prisonniers.

CONTRÉES.

103. On divise l'Afrique en dix-huit contrées, dont trois au nord, sept au milieu, et huit au sud.

Les trois au nord sont : 1° la Barbarie, v. pr. *Maroc, Alger, Tunis* et *Tripoli;* 2° l'Egypte, cap. le *Caire;* 3° le Sahara ou grand désert, v. pr. *Agably.*

Les sept au milieu sont : 1° la Sénégambie, v. pr. *Saint-Louis, Bambouk* et *Timbo;* 2° la Guinée septentrionale, v. pr. *Coumassie, Abomey* et *Bénin;* 3° la Nigritie ou Soudan, v. pr. *Ségo, Tombouctou, Sackatou, Bornou* et *Cobbé;* 4° la Nubie, v. pr. *Dongolah* et *Sennaar;* 5° l'Abyssinie, v. pr. *Gondar;* 6° l'Adel, v. pr. *Zéila;* 7° l'Ajan.

Les huit au sud sont : 1° la Guinée méridionale, v. pr. *San-Salvador;* 2° le pays des Hottentots; 3° le gouvernement du Cap, cap. *le Cap;* 4° la Cafrerie; 5° le Monomotapa, v. pr. *Zimbaoé* et *Sofala;* 6° le Mozambique, cap. *Mozambique;* 7° le Zanguebar, v. pr. *Mélinde;* 8° dans l'intérieur une vaste contrée inconnue.

MERS.

104. L'Afrique est baignée par quatre mers principales, qui sont : la Méditerranée au nord; l'Océan Atlantique à l'ouest; le grand Océan au sud; et la mer des Indes à l'est.

GOLFES.

105. Les quatre principaux golfes de l'Afrique sont : les golfes de la Syrte et de Cabès dans la Méditerranée; le golfe de Guinée dans l'Océan Atlantique; et le golfe Arabique ou mer Rouge dans la mer des Indes.

ILES.

106. On compte en Afrique treize îles ou groupes principaux, savoir : sept dans l'Océan Atlantique, qui sont : les Açores, dont la principale est Tercère, l'île de Madère, les îles Canaries, les îles du cap Vert, les îles du golfe de Guinée, l'Ascension et l'île Sainte-Hélène; six dans la mer des Indes, qui sont : Socotora, les Seychelles, Zanzibar, les îles Comores, Madagascar, et les îles Mascareignes, dont les principales sont : l'île de la Réunion ou Bourbon, l'île de France ou Maurice, et l'île Rodrigue.

CAPS.

107. Les six principaux caps de l'Afrique sont : le cap Bon et le cap Ceuta dans la Barbarie; le cap Vert dans la Sénégambie; le cap de Bonne-Espérance et le cap des Aiguilles dans le gouvernement du Cap; et le cap Gardafui au nord de l'Ajan.

MONTAGNES.

108. Les quatre principales chaînes de montagnes de l'Afrique sont : le mont Atlas en Barbarie; les montagnes de Kong, entre la Guinée septentrionale et la Nigritie; les monts de la Lune au sud de la Nigritie et de l'Abyssinie; et les monts Lupata au sud-est de l'Afrique.

LACS.

109. Les trois principaux lacs de l'Afrique sont : le lac Kéroun en Égypte; le lac Tchad en Nigritie; le lac Dembéa en Abyssinie.

FLEUVES.

110. On remarque sept fleuves principaux en Afrique : un qui se jette dans la Méditerranée, c'est le Nil; cinq qui se jettent dans l'Océan Atlantique, ce sont le Sénégal, le Niger ou Dioliba, la Gambie, le Zaïre et l'Orange; un qui se jette dans la mer des Indes, c'est le Zambèze.

EXERCICES.

Quelle est l'étendue de l'Afrique?
Par quoi cette partie du monde est-elle jointe à l'Asie?
Connaît-on bien toute l'Afrique?
L'Afrique est-elle fertile?
Quels sont les animaux remarquables de cette partie du monde?
Les peuples de l'Afrique sont-ils civilisés?
En combien de contrées divise-t-on l'Afrique?
Que tire-t-on de l'Afrique?

Montrez la Barbarie, — l'Égypte, — la Nigritie, etc.
Montrez Maroc, — Tunis, — le Caire, etc.
Quelles sont les contrées qui touchent l'Égypte? — le Sahara? etc.
Dans quelle contrée trouve-t-on Gondar? — San-Salvador? etc.
Quelles sont les mers de l'Afrique?
Quelles sont les contrées que baigne l'Océan Atlantique? — la Méditerranée? etc.

Quels sont les principaux golfes de l'Afrique?
Quelles sont les îles de l'Afrique?
Montrez l'île de Madère, — de Sainte-Hélène, etc.
Dans quelle mer se trouvent les Seychelles? — les Açores? etc.
Quels sont les principaux caps de l'Afrique?
Quels sont les caps qui sont dans la Barbarie?

Quel est le cap qui est à l'est de l'Afrique? — au sud de l'Afrique? etc.
Quelles sont les principales chaînes de montagnes de l'Afrique?
Quels sont les principaux lacs?
Quels sont les fleuves remarquables de l'Afrique?
Dans quelle contrée coule le Sénégal? — le Nil? etc.

Imprimerie de GUSTAVE GRATIOT, 30, rue Mazarine.

A PARIS, CHEZ L. HACHETTE ET Cie, RUE PIERRE-SARRAZIN, N° 14.

TABLEAUX DE GÉOGRAPHIE,

Par MM. Meissas et Michelot.

AFRIQUE.

AFRIQUE (60,000,000 h.).

102. L'Afrique est trois fois aussi grande que l'Europe. C'est une immense presqu'île qui est jointe à l'Asie par l'isthme de Suez. Nous ne connaissons bien que les côtes de cette partie du monde. On y voit dans quelques contrées des déserts immenses et arides; d'autres contrées ont une fertilité prodigieuse, mais elles sont mal…

principales, qui sont : la Méditerranée au nord; l'Océan Atlantique à l'ouest; le grand Océan au sud; et la mer des Indes à l'est.

GOLFES.

105. Les quatre principaux golfes de l'Afrique sont : les golfes de la Syrte et de Gabès dans la Méditerranée…

TABLEAUX DE GÉOGRAPHIE,

Par MM. MEISSAS et MICHELOT.

AMÉRIQUE.

AMÉRIQUE (55,000,000 HAB.).

111. L'Amérique est la plus grande des cinq parties du monde; on la divise en Amérique septentrionale et Amérique méridionale, jointes par l'isthme de Panama.

L'Amérique a été longtemps inconnue aux Européens. Christophe Colomb en fit la découverte en **1492**.

Elle offre une grande variété de climats. Près de l'équateur, la chaleur est excessive dans les plaines; tandis que les contrées situées aux extrémités nord et sud éprouvent des froids très-rigoureux.

Une grande chaîne de montagnes traverse l'Amérique du sud au nord. Les sommets sont si élevés qu'ils sont couverts de neiges perpétuelles, même sous l'équateur.

L'Amérique possède de riches mines d'or, d'argent et d'autres métaux. Elle produit tous les végétaux de l'ancien monde, et fournit au commerce une grande quantité de sucre, de café, de coton, d'indigo, de vanille, d'acajou, de quinquina, etc.

C'est d'Amérique qu'on a apporté en Europe la pomme de terre et le tabac.

Parmi les animaux on remarque les ours, les castors, les hermines, et d'autres animaux à fourrures; les jaguars, les singes, les lamas, les alpacas, les vigognes, les bisons, les bœufs, les chevaux, qui s'y trouvent en grand nombre, même dans l'état sauvage; le condor, qui est le plus grand des oiseaux de proie connus; l'autruche, le coq d'Inde, les perroquets, l'oiseau-mouche. On trouve aussi en Amérique d'énormes serpents; on y recueille de la cochenille (espèce d'insecte dont on fait une teinture rouge); on pêche des perles sur la côte.

CONTRÉES.

112. On compte en Amérique quinze contrées, dont six dans l'Amérique septentrionale, et neuf dans l'Amérique méridionale.

Les six contrées de l'Amérique septentrionale sont: l'Amérique russe, dont le principal établissement est la Nouvelle-Arkhangel; le Groënland, v. pr. *Frédérikshaab;* la Nouvelle-Bretagne, cap. *Québec;* les États-Unis, cap. *Washington;* le Mexique, cap. *Mexico;* l'Amérique centrale, v. pr. *Guatémala.*

Les neuf contrées de l'Amérique méridionale sont: la Colombie, v. pr. *Santa-Fé-de-Bogota, Caracas* et *Quito;* la Guyane, v. pr. *Cayenne* et *Paramaribo;* le Brésil, cap. *Rio-Janeiro;* le Pérou, cap. *Lima;* le Haut-Pérou ou Bolivia, cap. *Chuquisaca* ou la *Plata;* le Paraguay, cap. l'*Assomption;* la Plata, cap. *Buénos-Ayres;* le Chili, cap. *Santiago;* et la Patagonie, qui est peu habitée.

MERS.

113. L'Amérique est baignée par six mers, qui sont : l'Océan Glacial et la mer de Baffin au nord; l'Océan Atlantique et la mer des Antilles à l'est; le grand Océan et la mer de Béhring à l'ouest.

DÉTROITS.

114. On remarque en Amérique cinq détroits principaux, savoir : le détroit de Béhring entre l'Asie et l'Amérique; le détroit de Belle-Ile, à l'est de la Nouvelle-Bretagne; le canal de Bahama, au sud des États-Unis ; les détroits de Magellan et de Lemaire, au sud de la Patagonie.

GOLFES.

115. Les six principaux golfes de l'Amérique sont : la baie d'Hudson, formée par la mer de Baffin; le golfe de Saint-Laurent, formé par l'Océan Atlantique; le golfe du Mexique, le golfe d'Honduras et le golfe de Darien, formés par la mer des Antilles; et le golfe de Californie, formé par le grand Océan.

ILES.

116. Les dix principales îles ou groupes d'îles d'Amérique sont : 1° le Groënland dans l'Océan Glacial; 2° les îles de la mer Baffin; 3° dans l'Océan Atlantique, les îles du golfe Saint-Laurent, les Bermudes, les Lucayes; 4° dans la mer des Antilles, les grandes Antilles, qui sont Cuba, cap. *la Havane;* Saint-Domingue ou Haïti, cap. *Port-au-Prince;* la Jamaïque, cap. *Kingston,* et Porto-Rico, cap. *Saint-Jean;* les petites Antilles; 5° dans le grand Océan au sud, les îles Malouines, l'Archipel de Magellan, et l'île de Chiloé.

PRESQU'ILES.

117. Les cinq presqu'îles les plus remarquables de l'Amérique sont : le Labrador et la Nouvelle-Écosse ou Acadie dans la Nouvelle-Bretagne; la Floride au sud-est des États-Unis; la Californie et le Yucatan dans le Mexique.

CAPS.

118. Les cinq caps principaux d'Amérique sont : le cap Farewel au sud du Groënland; le cap Tancha au sud de la Floride; le cap Saint-Roch à l'est du Brésil; le cap Horn au sud de l'archipel de Magellan ; et le cap Occidental à l'ouest de l'Amérique russe.

EXERCICES.

Comment divise-t-on l'Amérique?

Qui a découvert cette partie du monde?

Quel est le climat de l'Amérique?

Que tire-t-on de l'Amérique?

Quels sont les animaux qu'on y remarque?

En combien de contrées divise-t-on l'Amérique?

Montrez le Groënland, — les États-Unis, — la Colombie, etc.

Montrez Mexico, — Washington, — Rio-Janeiro, etc.

Dans quelle contrée se trouve Lima? — Cayenne? — Québec? etc.

Quelles sont les mers qui baignent l'Amérique?

Quelles sont les contrées d'Amérique qui sont baignées par l'Océan Atlantique? — par le grand Océan? etc.

Quels sont les détroits d'Amérique?

Quel est le détroit qui est au sud des États-Unis? — au sud de la Patagonie? — entre l'Asie et l'Amérique? etc.

Quels sont les golfes formés par la mer des Antilles? — par la mer de Baffin? etc.

Quelles sont les îles d'Amérique dans le grand Océan? — dans la mer des Antilles? etc.

Quelle est la presqu'île qui est au sud-est des États-Unis? — dans le Mexique? etc.

Quels sont les principaux caps d'Amérique?

Quel est le cap qui est au sud de la Floride? — à l'est du Brésil? etc.

Imprimerie de GUSTAVE GRATIOT, 30, rue Mazarine.

A PARIS, CHEZ L. HACHETTE ET Cie, RUE PIERRE-SARRAZIN, N° 14.

(N. 22.)

TABLEAUX DE GÉOGRAPHIE,

Par MM. Meissas et Michelot.

AMÉRIQUE.

AMÉRIQUE (55,000,000 hab.).

111. L'Amérique est la plus grande des cinq parties du monde; on la divise en Amérique septentrionale et Amérique méridionale, jointes par l'isthme de Panama.

Bolivia, cap. Chuquisaca ou la Plata; le Paraguay, cap. l'Assomption; la Plata, cap. Buenos-Ayres; le Chili, cap. Santiago; et la Patagonie, qui est peu habitée.

Les Anglais ont fondé à l'Australie plusieurs établissements, dont celui de Sidney est le plus remarquable.

DIVISIONS.

124. L'Océanie se divise en ... parties qui sont : la Notasie, l'Australie et ...

NOTASIE.

125. La Notasie comprend quatre groupes principaux qui sont : les îles de la Sonde, les ... Moluques et les Philippines.

TABLEAUX DE GÉOGRAPHIE,

Par MM. Meissas et Michelot.

SUITE DE L'AMÉRIQUE.

MONTAGNES.

119. Les trois principales chaînes de montagnes de l'Amérique sont: les monts Alléghany et les monts Rocheux, dans l'Amérique septentrionale, et la Cordillière des Andes, dans l'Amérique méridionale.

LACS.

120. Les sept principaux lacs sont: les lacs Supérieur, Michigan, Huron, Érié et Ontario, au nord des États-Unis; le lac Nicaragua dans l'Amérique centrale, et le lac Maracaybo dans la Colombie.

FLEUVES.

121. Les six principaux fleuves sont: le Saint-Laurent qui se jette dans l'Océan Atlantique; le Mississipi et le Rio-del-Norté qui se jettent dans le golfe du Mexique; l'Orénoque, le fleuve des Amazones et la Plata qui se jettent dans l'Océan Atlantique.

RIVIÈRES.

122. Les dix principales rivières sont: le Missouri, l'Ohio, l'Arkansas et la rivière Rouge qui se jettent dans le Mississipi; le Rio-Négro et la Madeira qui se jettent dans le fleuve des Amazones; le Paraguay, le Parana, le Pilcomayo et l'Uruguay qui forment la Plata.

OCÉANIE (28,000,000 HAB.).

123. L'Océanie est un peu plus grande que l'Europe; elle est occupée par deux races principales, les Malais et les Nègres océaniens. Ces derniers semblent être la race d'hommes la plus dégénérée; ils n'ont aucune espèce d'industrie; ils sont pour la plupart divisés en petites tribus et vivent du produit de la chasse et de la pêche. Plusieurs de ces peuplades sont anthropophages.

Les Malais sont beaucoup plus avancés dans la civilisation; ils ont formé, dans les îles de la Notasie, quelques États assez considérables où l'on suit la religion mahométane. Cependant plusieurs peuples de cette race sont encore tout à fait barbares.

Les îles de l'Océanie jouissent en général d'un climat chaud, tempéré par le voisinage de la mer.

L'intérieur de la Nouvelle-Hollande est encore inconnu. Avant l'arrivée des Européens, cette grande île, à peu près aussi vaste que l'Europe, ne produisait que peu de végétaux propres à la nourriture de l'homme: les Européens y ont introduit les plantes utiles et les animaux domestiques. On y a trouvé récemment de riches mines d'or.

Les autres îles sont riches en végétaux et fournissent une grande quantité d'épiceries et de plumes d'oiseaux de paradis.

Les Anglais ont fondé dans l'Australie plusieurs établissements, dont celui de Sidney est le plus remarquable.

DIVISIONS.

124. L'Océanie se divise en trois parties principales qui sont: la Notasie, l'Australie et la Polynésie.

NOTASIE.

125. La Notasie comprend quatre groupes principaux qui sont: les îles de la Sonde, les Célèbes, les Moluques et les Philippines.

Les principales îles de la Sonde sont: Java, v. pr. *Batavia;* Sumatra, Bornéo et Timor.

Les principales des Philippines sont : Luçon, cap. *Manille,* et Mindanao.

AUSTRALIE.

126. L'Australie comprend la Nouvelle-Hollande, v. pr. *Sidney,* sur une baie appelée *Port-Jackson;* la terre de Diémen, la Nouvelle-Guinée, la Nouvelle-Irlande, la Nouvelle-Bretagne, la Nouvelle-Calédonie et la Nouvelle-Zélande.

POLYNÉSIE.

127. La Polynésie se divise en septentrionale et en méridionale.

Les principales îles de la Polynésie septentrionale ou Micronésie sont: les Marie-Anne, les Pelew, les Carolines et les Sandwich.

Les principales îles de la Polynésie méridionale sont: les îles Kingsmill, l'Archipel des Navigateurs, les îles des Amis ou Tonga, l'Archipel de la Société ou Tahiti, les îles Marquises, et l'Archipel Dangereux.

EXERCICES.

Où se trouve la Cordillière des Andes? — les Alléghany? — les monts Rochéux? etc.

Quels lacs voit-on au nord des États-Unis? — dans l'Amérique centrale? — dans la Colombie?

Quels sont les principaux fleuves de l'Amérique?

Montrez l'Orénoque, — le Mississipi, etc.

Dans quelles contrées coule le fleuve des Amazones? — le Saint-Laurent? etc.

Quelles sont les rivières qui se jettent dans le Mississipi? — dans le fleuve des Amazones? etc.

Quels sont les fleuves et les rivières qui coulent dans les États-Unis? — dans le Brésil? etc.

Quelles sont les races qui habitent l'Océanie?

Comment vivent les nègres océaniens?

Quel est le climat de l'Océanie?

Que tire-t-on de l'Océanie?

Quel établissement remarquable les Anglais y ont-ils fondé?

Comment divise-t-on l'Océanie?

Montrez la Notasie, — l'Australie, — la Polynésie.

Montrez les îles de la Sonde, — les Célèbes, — les Moluques, — Java, — Sumatra.

Dans quelle île se trouve Batavia? — Manille? — Sidney?

Quelles sont les îles de l'Australie? — les îles de la Polynésie?

Imprimerie de Gustave GRATIOT, 30, rue Mazarine.

A PARIS, chez L. HACHETTE et Cie, rue PIERRE-SARRAZIN, n° 14.

TABLEAUX DE GÉOGRAPHIE,

Par MM. Meissas et Michelot.

COSMOGRAPHIE.

UNIVERS.

128. L'univers est l'ensemble de tout ce qui existe. C'est un espace sans bornes dans lequel est disséminée une multitude innombrable de corps appelés *astres*. La terre, qui nous paraît si vaste, est un des plus petits de tous ces corps. On peut diviser tous les astres en deux classes : 1° ceux qui se meuvent autour du soleil ; 2° les étoiles fixes qui paraissent garder toujours entre elles la même position relative.

La première classe forme le système solaire, auquel la terre appartient ; elle comprend le soleil, les planètes, les satellites et les comètes.

Nous parlerons d'abord de la terre, parce que c'est la planète que nous habitons.

TERRE.

129. La terre est ronde, c'est-à-dire qu'elle a la forme d'une sphère. Elle a 40,000,000 de mètres ou 40,000 kilomètres de tour (neuf mille lieues), et 12,729 kilomètres (2,864 lieues) de diamètre. A chaque pôle la terre est aplatie d'environ vingt kilomètres et demi (quatre lieues et demie). Cet aplatissement et la hauteur des montagnes ne doivent pas nous empêcher de regarder la terre comme ronde ou sphérique. L'aplatissement ne serait pas d'un demi-millimètre sur un globe de trois décimètres de diamètre; et la hauteur des montagnes est moindre relativement au volume de la terre que les petites aspérités qu'on remarque sur la peau d'une orange.

Tous les objets qui se trouvent à la surface de la terre y sont retenus par une force nommée *attraction*, qui les attire sans cesse vers le centre du globe et dont l'effet est la pesanteur.

MOUVEMENT DIURNE.

130. Chaque jour le soleil, la lune et les étoiles s'élèvent au-dessus de l'horizon du côté de l'orient, et disparaissent du côté de l'occident. Cela vient de ce que la terre fait tous les jours un tour sur elle-même : nous tournons avec elle et nous croyons voir les astres tourner autour de nous; comme un homme, placé au fond d'une voiture qui s'avance rapidement, croit voir fuir, en sens contraire, les arbres qui bordent la route.

LIGNES ET CERCLES DE LA SPHÈRE.

131. On appelle *axe de la terre*, la ligne imaginaire PP' autour de laquelle la terre tourne; les extrémités de l'axe s'appellent les deux pôles; l'un P s'appelle *pôle boréal* ou *arctique*, ou simplement *nord;* l'autre P' s'appelle *pôle austral* ou *antarctique*, ou simplement *sud*.

Les *méridiens* sont des demi-cercles qui vont d'un pôle à l'autre et dont le centre est le même que celui de la terre. On les appelle ainsi parce qu'il est midi pour tous les lieux où passe le même méridien, quand le soleil est au zénith de l'un des points de ce méridien. Si l'on prolonge un méridien au delà des pôles, on aura un autre demi-cercle sur lequel il est minuit, tandis qu'il est midi sur le premier. Le cercle entier s'appelle aussi *méridien*.

Les *parallèles* ou *cercles parallèles* sont des cercles perpendiculaires aux méridiens, et parallèles entre eux. L'équateur EE' est le plus remarquable des parallèles; c'est un grand cercle à égale distance des pôles, il partage la terre en *deux hémisphères* ou *demi-sphères*. L'un est l'*hémisphère septentrional* ou *boréal* ou *du nord;* l'autre l'*hémisphère méridional* ou *austral* ou *du sud*. Les méridiens et les parallèles sont divisés comme tous les autres cercles en trois cent soixante parties qu'on appelle *degrés*. Le nombre des méridiens et des parallèles est infini, puisqu'on peut faire passer un méridien par chaque point de l'équateur, et un parallèle par chaque point du méridien. Mais on ne trace ordinairement ces cercles, sur les globes, que de dix en dix degrés, et sur les cartes, à dix, à cinq, à deux, et même à un degré d'intervalle.

LONGITUDE ET LATITUDE.

132. On appelle *latitude* la distance d'un parallèle à l'équateur, et *longitude* la distance d'un méridien à un autre méridien, pris arbitrairement pour le premier.

Sur les globes et sur les cartes, on met à chaque parallèle un numéro indiquant de combien de degrés il est éloigné de l'équateur; et à chaque méridien un numéro indiquant de combien de degrés il est éloigné du méridien qu'on a choisi pour le premier. Les Français prennent ordinairement le méridien de Paris pour premier méridien; il est numéroté *o*.

Au moyen de la *longitude* et de la *latitude*, on peut déterminer d'une manière précise la position de tous les lieux de la terre. Ainsi la ville de Lucerne est à peu près à 47 degrés de latitude nord, et à 6 degrés de longitude orientale; c'est-à-dire qu'elle est sur le parallèle qui passe à 47 degrés au nord de l'équateur, à l'endroit où ce parallèle coupe le méridien qui est à 6 degrés à l'orient du méridien de Paris.

EXERCICES.

Qu'est-ce que l'univers?

Comment peut-on diviser les astres?

Quels sont les astres compris dans le système solaire?

Combien la terre a-t-elle de tour? — de combien est-elle aplatie à chaque pôle?

Quelle est la forme de la terre?

Qu'est-ce qui retient vers la terre les corps qui sont à sa surface?

Pourquoi le soleil et tous les astres semblent-ils tourner autour de la terre?

Qu'est-ce que l'axe de la terre? — les pôles? — les méridiens? — les parallèles? — l'équateur? — l'hémisphère septentrional? — l'hémisphère méridional, etc.

En combien de degrés divise-t-on les méridiens et les parallèles?

Qu'est-ce que la latitude? — la longitude?

Comment indique-t-on la longitude et la latitude sur les cartes?

Montrez sur la figure des méridiens, — des parallèles, — l'équateur, etc,

Imprimerie de Gustave GRATIOT, 30, rue Mazarine.

A PARIS, chez L. HACHETTE et Cie, rue PIERRE-SARRAZÏN, n° 14.

TABLEAUX DE GÉOGRAPHIE,

Par MM. Meissas et Michelot.

COSMOGRAPHIE.

DIFFÉRENCES D'HEURES POUR LES DIFFÉRENTES LONGITUDES.

133. Le soleil semble faire le tour de la terre en vingt-quatre heures; ainsi il parcourt quinze degrés dans une heure, et un degré dans quatre minutes; c'est-à-dire que lorsqu'il est midi à Paris, il faut attendre encore une heure pour qu'il soit midi sur le méridien qui est à 15 degrés plus à l'ouest, tandis qu'il est déjà une heure après midi à 15 degrés plus à l'est que le méridien de Paris.

Lorsqu'il est midi à Paris, il est une heure à Presbourg, qui est à 15 degrés plus à l'est; cinq heures du soir à Délhy, qui est à 75 degrés plus à l'est: mais il n'est encore que neuf heures du matin à Rio-Janeiro, qui est à 45 degrés plus à l'ouest.

MOUVEMENT ANNUEL.

134. La terre tourne autour du soleil en 365 jours, 5 heures et 49 minutes. Le temps qu'elle met à faire sa révolution s'appelle *année*. Le chemin qu'elle parcourt ainsi s'appelle l'*orbite de la terre*. Le plan dans lequel cette orbite se trouve prend le nom d'*écliptique*, parce que les éclipses ne peuvent arriver que lorsque le soleil, la lune et la terre se trouvent sur la même ligne dans ce plan.

Le soleil n'est pas au centre de cette orbite, de sorte que la terre n'est pas toujours également éloignée du soleil. Il y a environ 4,000,000 de kilomètres (1,000,000 de lieues) de différence entre la plus grande et la plus petite distance. La distance moyenne de la terre au soleil est de 153,000,000 de kilomètres (34,000,500 lieues).

SAISONS.

135. Le mouvement annuel de la terre est cause de la diversité des saisons. L'axe de la terre n'est pas perpendiculaire à l'écliptique. Il est incliné sur ce plan de vingt-trois degrés et demi et conserve toujours la même direction; de sorte que les deux pôles sont constamment tournés vers les mêmes points du ciel. Il en résulte que la terre présente alternativement ses deux pôles au soleil, à deux époques de l'année que l'on appelle *solstices*, et qu'à deux autres époques de l'année appelées *équinoxes*, elle ne tourne aucun de ses pôles vers cet astre.

A l'*équinoxe du printemps*, vers le 21 mars, la terre ne tourne vers le soleil aucun de ses pôles, la lumière se répand également d'un pôle à l'autre, et les jours sont égaux aux nuits par toute la terre.

Au bout de trois mois, vers le 22 juin, la terre arrive au *solstice d'été:* le pôle nord est tourné vers le soleil et la lumière de cet astre se répand sur toutes les terres voisines du pôle; il y a un jour continuel jusqu'à vingt-trois degrés et demi de distance du pôle nord, tandis que le pôle sud est entièrement caché au soleil, et qu'il est dans une nuit continuelle, ainsi que toutes les terres qui l'entourent, jusqu'à vingt-trois degrés et demi de distance.

Dans l'hémisphère boréal, les jours sont plus longs que les nuits. Le contraire arrive dans l'hémisphère austral: les nuits y sont plus longues que les jours; c'est alors l'été pour l'hémisphère boréal et l'hiver pour l'hémisphère austral.

L'*équinoxe d'automne* arrive trois mois après, vers le 23 septembre; la terre ne présente aucun de ses pôles au soleil, et les jours sont égaux aux nuits par toute la terre.

Trois mois après, au *solstice d'hiver*, vers le 22 décembre, la terre présente le pôle sud au soleil, et le pôle nord est entièrement dans l'obscurité jusqu'à vingt-trois degrés et demi de distance: cette position est exactement l'inverse de celle du solstice d'été; c'est le moment des plus longs jours pour l'hémisphère austral, et des jours les plus courts pour l'hémisphère boréal. L'été règne dans le premier hémisphère et l'hiver dans le second.

On remarque dans ce mouvement de la terre que chaque pôle a six mois de jour et six mois de nuit; le pôle nord est éclairé depuis l'équinoxe du printemps jusqu'à l'équinoxe d'automne; il est dans une nuit continuelle depuis l'équinoxe d'automne jusqu'à l'équinoxe du printemps. Le contraire arrive pour le pôle sud. A l'équateur, les jours sont continuellement égaux aux nuits.

EXERCICES.

Combien de degrés le soleil parcourt-il dans une heure? — en 4 minutes? etc.

Quand il est midi à Paris, quelle heure est-il à 15 degrés plus à l'est? — à 30 degrés? — à 2 degrés? etc. — à 15 degrés plus à l'ouest? — à 10 degrés? etc.

Qu'est-ce que l'orbite de la terre?

Qu'est-ce que l'écliptique?

En combien de temps la terre tourne-t-elle autour du soleil?

Quelle est la distance de la terre au soleil?

Quelle est la cause de la diversité des saisons?

Quelle est la position de la terre à l'équinoxe du printemps? — au solstice d'été? — à l'équinoxe d'automne? etc.

Combien de temps dure le plus long jour au pôle nord? — au pôle sud?

Montrez sur la figure la position de la terre au solstice d'été, à l'équinoxe du printemps, etc.

Imprimerie de Gustave Gratiot, 30, rue Mazarine.

A PARIS, chez L. HACHETTE et Cie, rue PIERRE-SARRAZIN, n° 14.

[illegible]

[illegible] *sphère* [illegible] *présidents* [illegible]

[illegible] sa révolution, Saturne [illegible]

[illegible]

[illegible] est la plus petite [illegible] elle-même est une des [illegible] planètes [illegible] Elle n'est pas toujours éloignée de la terre; la plus grande [illegible] *lieues*, 400,000 kilomètres [illegible] la plus petite, [illegible] 000,000 [illegible]

[illegible] sphère qu'elle tourne vers le [illegible] dans l'univers [illegible] est alors [illegible] *cette lune en de sa conjonction* [illegible] tour dans son orbite, mais [illegible] on la voit [illegible] croissant [illegible]

[illegible]

TABLEAUX DE GÉOGRAPHIE,

Par MM. Meissas et Michelot.

COSMOGRAPHIE.

CERCLES RELATIFS AU MOUVEMENT ANNUEL.

136. Pendant que la terre tourne autour du soleil, nous croyons voir le soleil tourner autour de la terre. Cette route apparente est marquée sur les globes terrestres par un cercle appelé *écliptique* et incliné de **23** degrés et demi sur l'équateur.

A la distance de **23** degrés et demi de l'équateur, au nord et au sud, deux cercles parallèles, appelés *tropiques*, touchent l'écliptique. On les appelle *tropiques* (d'un mot qui signifie *retour*), parce qu'ils indiquent la place où le soleil, au moment des solstices, semble s'arrêter et retourner sur ses pas.

A **23** degrés et demi de chaque pôle on trace deux cercles appelés *cercles polaires;* ils indiquent la latitude jusqu'à laquelle s'étendent les jours continuels et les nuits continuelles pendant les solstices.

Les tropiques et les cercles polaires partagent la terre en cinq zones. La *zone torride* est entre les deux tropiques; elle renferme les pays les plus chauds de la terre; le soleil est toujours au zénith de quelque point de cette zone. (Le zénith est le point du ciel qui se trouve verticalement au-dessus de nos têtes.) *Les deux zones tempérées* s'étendent entre les deux tropiques et les deux cercles polaires. On appelle *zones glaciales* celles qui s'étendent depuis chaque cercle polaire jusqu'au pôle qui lui correspond.

137. Le soleil est un astre lumineux, environ un million trois cent vingt-huit mille fois plus gros que la terre. On a reconnu, par le déplacement et le retour périodique des taches qui sont à sa surface, qu'il tourne sur lui-même en **25** jours **12** heures.

PLANÈTES.

138. Les planètes sont des astres opaques qui ne brillent que parce qu'ils réfléchissent la lumière du soleil. Elles tournent sur elles-mêmes et tournent en même temps autour du soleil. Nous connaissons onze planètes principales; ce sont dans l'ordre de leur distance au soleil : *Mercure, Vénus, la Terre, Mars, Vesta, Junon, Cérès, Pallas, Jupiter, Saturne, Uranus.*

Quelques planètes ont été découvertes depuis **1846.** La principale est *Neptune*, qui est plus éloignée du soleil que toutes les planètes connues précédemment.

SATELLITES.

139. Les satellites sont de petits astres qui tournent autour des planètes pendant que celles-ci tournent autour du soleil. La terre a un satellite qui est la lune. Jupiter en a quatre, Saturne sept et Uranus six.

LUNE.

140. La lune est **49** fois plus petite que la terre; elle tourne autour de cette planète en **27** jours et près de **8** heures. Elle n'est pas toujours également éloignée de la terre; la plus grande distance est d'environ **406,500** kilomètres (**91** mille lieues) et la plus petite de **356,000** kilomètres (**80,000** lieues).

La lune est un corps opaque qui ne brille que par la réflexion des rayons du soleil; nous ne pouvons en apercevoir que la partie éclairée par cet astre. De là vient que dans sa révolution autour de la terre, elle paraît sous différents aspects ou phases.

Lorsque la lune se trouve entre le soleil et la terre, nous ne pouvons la voir, parce que l'hémisphère qu'elle tourne vers la terre est tout entier dans l'ombre : on est alors au moment de la *nouvelle lune* ou *de la conjonction*. La lune, en s'avançant dans son orbite, montre progressivement la partie éclairée : on la voit d'abord sous la forme d'un croissant lumineux. Le huitième jour, elle présente la forme d'un demi-cercle, parce que la moitié de la partie éclairée est tournée vers la terre : c'est le *premier quartier*. Le quinzième jour, la lune ayant accompli la moitié de sa révolution, tourne vers la terre toute sa partie éclairée et paraît toute ronde : c'est le temps de la *pleine lune*, que l'on appelle *opposition*, parce que la lune est alors du côté opposé au soleil par rapport à la terre.

A mesure que la lune s'éloigne de l'opposition, la partie éclairée qu'elle montre à la terre diminue progressivement, et le vingt-troisième jour on n'en voit plus que la moitié; c'est le *dernier quartier*. Bientôt la lune ne paraît plus que sous la forme d'un croissant; enfin elle disparaît entièrement, lorqu'elle se retrouve au bout de vingt-neuf jours et demi entre le soleil et la terre.

EXERCICES.

Nota. Pour les n°s 136 et 137, on peut voir les figures des tableaux 24 et 25.

Qu'est-ce que l'écliptique? — les tropiques? — les cercles polaires? — la zone torride? — les zones tempérées? etc.

Qu'est-ce que le soleil? — combien de fois est-il plus gros que la terre? — en combien de temps tourne-t-il sur lui-même?

Qu'est-ce que les planètes? — quelles sont les planètes?

Montrez Mercure,—la Terre,—Jupiter, etc.
Qu'est-ce que les satellites?
Quel est le volume de la lune?
D'où vient la lumière de la lune?

Pourquoi la voyons-nous sous différentes figures?

A combien de distance se trouve-t-elle de la terre?

Imprimerie de Gustave Gratiot, 30, rue Mazarine.

A PARIS, chez L. HACHETTE et Cie, RUE PIERRE-SARRAZIN, n° 14.

TABLEAUX DE GÉOGRAPHIE,

Par MM. Meissas et Michelot.

COSMOGRAPHIE.

ÉCLIPSES.

141. On dit qu'il y a éclipse d'un astre toutes les fois que cet astre cesse de paraître à notre vue, à une heure où il est ordinairement visible. Il y a éclipse de soleil toutes les fois que la lune passe entre cet astre et la terre, et éclipse de lune lorsque la terre, passant entre le soleil et ce satellite, le couvre de son ombre. Il devrait donc arriver tous les mois une éclipse de soleil, au moment de la nouvelle lune, et une éclipse de lune au moment de la pleine lune.

Cependant les éclipses sont beaucoup plus rares, parce que l'orbite de la lune n'est pas comprise dans le même plan que l'écliptique; elle le coupe en deux points qu'on appelle *nœuds :* il faut, pour qu'il y ait éclipse, que la lune se trouve à l'un de ces nœuds au moment de l'opposition ou au moment de la conjonction.

COMÈTES.

142. Les comètes sont des espèces de planètes qui décrivent des orbites extrêmement allongées, dont le soleil occupe le foyer. Elles sont souvent accompagnées d'une *queue* lumineuse à travers laquelle on distingue les étoiles. On a déjà calculé la marche de plus de cent comètes; mais il n'en est que trois jusqu'à présent dont on puisse prédire le retour d'une manière à peu près sûre. La première porte le nom de Halley : sa révolution dure **75** ans et demi, elle a reparu en **1835**; la deuxième parcourt son orbite en six ans et huit mois, elle a paru en **1846**; la révolution de la troisième est d'environ **1200** jours.

ÉTOILES FIXES.

143. Les étoiles fixes sont des astres lumineux qui paraissent conserver toujours entre eux, à peu de choses près, la même distance. Celles qui sont le plus rapprochées de nous sont au moins cent mille fois plus loin que le soleil; d'autres sont beaucoup plus éloignées. Le nombre des étoiles est infini; on en compte trois ou quatre mille environ à la vue simple, mais on en voit plusieurs millions à l'aide des télescopes. On distingue encore dans le ciel de petits nuages blanchâtres appelés *nébuleuses;* les uns sont formés par des amas d'étoiles; les autres par l'agglomération d'une matière blanchâtre. On compte près de mille nébuleuses. La voie lactée, large bande irrégulière et blanchâtre qui traverse le ciel du sud au nord, n'est elle-même qu'un assemblage de nébuleuses.

ZODIAQUE.

144. On partage en douze constellations (ou réunions d'étoiles) les étoiles qui se trouvent sur la route apparente du soleil; c'est ce qu'on appelle les *douze signes du zodiaque.* Ces douze signes sont :

Le *bélier,* le *taureau,* les *gémeaux,* que le soleil parcourt pendant le printemps;

Le *cancer* ou *écrevisse,* le *lion,* la *vierge,* pendant l'été;

La *balance,* le *scorpion,* le *sagittaire,* pendant l'automne;

Le *capricorne,* le *verseau,* les *poissons,* pendant l'hiver.

ANNÉE.

145. On appelle *année* le temps que la terre emploie à parcourir son orbite autour du soleil. La terre, achevant sa révolution en **365** jours, **5** heures, **49** minutes, on conçoit qu'au bout de quatre ans, supposés de **365** jours seulement, elle se trouvera retardée de près de **24** heures; aussi a-t-on imaginé de faire chaque quatrième année de **366** jours. Les années **1853, 1854** et **1855** n'ont que **365** jours; l'année **1856** en a **366.** Cependant, comme on ajoute près de trois quarts d'heure de trop en faisant chaque quatrième année de **366** jours, on retranche trois jours tous les **400** ans : la dernière année de trois siècles consécutifs ne sera pas bissextile, quoiqu'elle doive l'être par son rang, mais celle du quatrième siècle le sera. Ainsi les années **1700, 1800, 1900** n'ont eu ou n'auront que **365** jours, tandis que l'an **2000** en aura **366.**

EXERCICES.

D'où viennent les éclipses de soleil? — les éclipses de lune? Pourquoi les éclipses de lune n'arrivent-elles pas chaque mois?

Qu'est-ce que les comètes? — quelles sont celles dont on peut prédire le retour? Qu'est-ce que les étoiles fixes? — à quelle distance sont-elles de nous?

Qu'est-ce que les nébuleuses? — la voie lactée? Qu'est-ce que le zodiaque? Quel signe le soleil parcourt-il pendant le printemps? — pendant l'été? etc.

Qu'est-ce que l'année? Pourquoi compte-t-on un jour de plus dans les années bissextiles? — les années bissextiles reviennent-elles tous les quatre ans?

Imprimerie de Gustave Gratiot, 30, rue Mazarine.

A PARIS, chez L. HACHETTE et Cie, rue PIERRE-SARRAZIN, n° 14.

TABLEAUX DE GÉOGRAPHIE,

Par MM. MEISSAS et MICHELOT.

INSTRUCTION SUR L'EMPLOI DES TABLEAUX.

CLASSIFICATION.

Les tableaux sont divisés en six sections, pour qu'on puisse y appliquer l'enseignement mutuel aussi facilement que l'enseignement simultané.

La *première section* comprend les notions générales sur les points cardinaux; sur les parties du monde, les continents et les grandes mers du globe en général; sur les contrées et la géographie physique de l'Europe.

La *deuxième section* est consacrée à l'ancienne division de la France par provinces et à la division actuelle par départements.

La *troisième section* donne les notions de statistique et d'histoire, et la géographie physique de la France. Tout ce qui a rapport à cette contrée y est développé avec détail, parce que c'est le pays que les enfants de nos écoles doivent le mieux connaître.

La *quatrième section* renferme des notions sur les autres contrées de l'Europe et sur les divisions de ces contrées.

La *cinquième section* comprend l'Asie, l'Afrique, l'Amérique et l'Océanie.

Dans la *sixième section*, nous avons donné les principaux éléments de la *cosmographie*, avec quelques figures qui pourront suffire dans les écoles pour lesquelles l'acquisition d'un globe serait trop dispendieuse.

Ces tableaux peuvent facilement être employés, quelle que soit la méthode d'enseignement. Dans les écoles d'enseignement mutuel, les leçons de géographie remplaceront utilement la lecture courante. On y consacrera une heure trois fois par semaine. Le premier exercice du premier procédé est aussi bien une leçon de lecture qu'une leçon de géographie, et offre l'avantage de varier les occupations des élèves.

Objets nécessaires pour les leçons.

1° Collection des tableaux;

2° Trois cartes murales écrites, savoir : Mappemonde, Europe et France;

3° Les mêmes cartes muettes;

4° Feuille d'exercices géographiques.

Nota. On trouve aussi dans notre collection de cartes murales, les cartes d'Asie, d'Afrique et d'Amérique.

Procédés à suivre pour donner la leçon.

L'enseignement de la géographie est divisé en trois procédés : 1° exercices avec la carte écrite; 2° exercices avec la carte muette ou sans carte; 3° tracé des cartes ou de parties de cartes.

Premier procédé.

Premier exercice. Les élèves sont rangés en demi-cercle, le tableau de géographie est suspendu devant eux, et la carte écrite est à côté du tableau. Le maître ou le moniteur lit à haute voix la leçon que l'on doit étudier dans le jour, en montrant sur la carte, avec une baguette, les objets dont il est question dans la leçon. Ensuite il fait lire le même paragraphe aux élèves, qui montrent également sur la carte tous les objets qu'ils nomment. Cette lecture doit être répétée plusieurs fois de suite, et n'être pas trop longue, pour que les élèves puissent la retenir tout entière.

Deuxième exercice. Le moniteur prend le tableau qu'il tourne de son côté, et les élèves répètent sur la carte écrite ce qui a été lu sur le tableau, en montrant soigneusement tous les points géographiques à mesure qu'ils les nomment. Si les élèves paraissent embarrassés, le moniteur renouvelle cet exercice jusqu'à ce que la leçon soit répétée couramment.

Troisième exercice. Le moniteur fait les questions indiquées au bas du tableau, et les élèves montrent tous les points géographiques au fur et à mesure qu'ils les citent. Le moniteur ne doit pas se contenter des questions qui se trouvent sur le tableau, il en fera d'autres du même genre jusqu'à ce qu'il soit convaincu que les élèves possèdent parfaitement tout le chapitre qu'ils ont étudié. Ainsi dans la leçon des contrées de l'Europe (n°s 7, 8, 9 et 10, après avoir dit aux élèves : *Montrez la France, — l'Espagne, — la Russie;* il leur dira : *Montrez les Iles britanniques, — le Danemark, — la Suède, — la Belgique, — la Hollande*, etc. De même, après avoir fait montrer *Paris, — Londres, — Madrid ;* il demandera qu'on lui indique *Copenhague, — Stockholm, — Lisbonne, — Rome, — Constantinople*, etc.

Deuxième procédé.

Premier et deuxième exercice. On refait le deuxième et le troisième exercice du premier procédé avec la carte muette.

Troisième exercice. Les élèves répètent la leçon de mémoire et sans aucune carte. Ensuite le moniteur leur adresse de nouveau les questions auxquelles on peut répondre sans carte, telles que celles-ci : *Qu'est-ce que Paris? — Londres? — Vienne? etc. — Quelles sont les contrées qui touchent la France? — Quelle est la contrée qui borne la France au sud-ouest? — au nord? — à l'est? — au sud-est?*

Troisième procédé.

Ce troisième procédé comprend trois sortes d'exercices :

1° Les élèves écrivent, sur une feuille d'exercices géographiques du premier degré, les noms des contrées, des villes, des mers, des fleuves, etc., qu'ils ont appris dans la leçon du jour ou dans les leçons précédentes; 2° ils tracent, sur une feuille du second degré, les limites des contrées, les noms des fleuves, la position des villes, etc., qu'ils ont appris à connaître; 3° enfin ils s'exercent à dessiner des cartes, partielles ou entières, sur les feuilles du troisième degré. Nous avons indiqué, au bas de plusieurs tableaux, les principaux de ces exercices. Chaque maître, mieux que nous ne pouvons le dire ici, saura ceux qu'il sera convenable de faire dans sa classe, à chaque leçon.

OBSERVATIONS.

Il est bon de consacrer :

1° Un jour par semaine à la répétition des chapitres qui auront déjà été vus. On réservera une partie de cette leçon pour l'usage du troisième procédé; les deux premiers procédés suffiront pour remplir le temps des deux autres leçons, qui est d'une heure pour chacune.

2° Les commandements sont analogues à ceux que l'on fait habituellement dans les écoles, et n'offrent aucune difficulté.

Imprimerie de GUSTAVE GRATIOT, 30, rue Mazarine.

A PARIS, CHEZ L. HACHETTE ET Cie, RUE PIERRE-SARRAZIN, N° 14.

PUBLICATIONS DES MÊMES AUTEURS

QUI SE TROUVENT A LA LIBRAIRIE DE L. HACHETTE ET Cie

TABLEAUX D'HISTOIRE DE FRANCE, par MM. MEISSAS et MICHELOT, trente-six tableaux. 5 fr. 50 c.

MANUEL D'HISTOIRE DE FRANCE, contenant les mêmes tableaux et le portrait de chaque roi, 1 vol. in-18, cartonné. » fr. 75 c.

TABLEAUX DE GRAMMAIRE, par MM. MEISSAS, MICHELOT et PICARD. 5 fr. » c.

MANUEL DE GRAMMAIRE, contenant les mêmes tableaux, 1 vol. in-18, cartonné. » fr. 75 c.

Méthode complète pour l'enseignement de la Géographie

1° NOUVELLE GÉOGRAPHIE MÉTHODIQUE, 1 volume in-12, cartonné. 2 fr. 50 c.

2° PETITE GÉOGRAPHIE MÉTHODIQUE, 1 volume in-18, cartonné. » fr. 60 c.

3° TABLEAUX DE GÉOGRAPHIE, à l'usage des écoles primaires, vingt-huit tableaux. 3 fr. » c.

4° MANUEL DE GÉOGRAPHIE, contenant les mêmes tableaux, 1 volume in-18, cartonné. » fr. 75 c.

5° GÉOGRAPHIE ANCIENNE, comparée avec la Géographie moderne, 1 volume in-12, cartonné. 2 fr. 50 c.

6° PETITE GÉOGRAPHIE ANCIENNE, 1 volume in-18, cartonné. 1 fr. » c.

7° GÉOGRAPHIE SACRÉE, approuvée par Mgr l'archevêque de Paris, 1 volume in-18, cartonné. 1 fr. 25 c.

8° DICTIONNAIRE DE GÉOGRAPHIE ANCIENNE ET MODERNE, 1 vol. grand in-8°, avec huit cartes, broché. 5 fr. » c.

9° ATLAS in-folio, tirés sur grand raisin.

(A) ATLAS ÉLÉMENTAIRE de la nouvelle Géographie méthodique, composé de sept cartes écrites, in-folio, cartonné. 6 fr. » c.

(B) Le même, avec cinq cartes muettes, douze cartes in-folio, cartonné. 11 fr. 50 c.

(C) ATLAS UNIVERSEL de la nouvelle Géographie méthodique, composé de douze cartes écrites, in-folio, cartonné. 13 fr. » c.

(D) Le même avec six cartes muettes, dix-huit cartes, cartonné. 15 fr. » c.

(E) ATLAS UNIVERSEL de Géographie moderne, composé de dix-neuf cartes écrites, in-folio, cart. 18 fr. » c.

(F) Le même, avec six cartes muettes, vingt-cinq cartes, cartonné. 21 fr. » c.

Chaque carte, sur gd raisin, se vend séparémt. 1 fr. » c.

10° ATLAS tirés sur quart de jésus et cartonnés, format in-8°.

(A) PETIT ATLAS ÉLÉMENTAIRE, dressé pour la petite Géographie méthodique et le Manuel de Géographie, composé de huit cartes écrites, tirées sur quart de jésus, cartonné. 2 fr. 50 c.

(B) Le même, avec huit cartes muettes, seize cartes, cartonné. 3 fr. 50 c.

(C) PETIT ATLAS UNIVERSEL de Géographie moderne, dix-sept cartes écrites, cartonné. 5 fr. » c.

(D) Le même, avec huit cartes muettes, vingt-cinq cartes, cartonné. 6 fr. » c.

(E) PETIT ATLAS de Géographie ancienne et moderne, trente-six cartes écrites, cartonné. 9 fr. » c.

(F) Le même, avec huit cartes muettes, cart. 10 fr. » c.

(G) ATLAS COMPLET de Géographie ancienne, du moyen âge et moderne, et de Géographie sacrée, cinquante-deux cartes écrites, cartonné. 14 fr. » c.

(H) Le même, avec huit cartes muettes. 15 fr. » c.

11° ATLAS DE GÉOGRAPHIE ANCIENNE, dix-neuf cartes en quatorze planches tirées sur quart de jésus, cart. 5 fr. » c.

12° PETIT ATLAS DE GÉOGRAPHIE SACRÉE, six cartes et un plan de Jérusalem, cartonné. 2 fr. » c.

13° FEUILLES D'EXERCICES GÉOGRAPHIQUES, pour les huit cartes du petit atlas A, divisées en trois degrés : 1° cartes muettes complètes ; 2° projections et contours des côtes ; 3° projections des méridiens et des parallèles seulement, lithographiées sur demi-carré. Prix. 10 c. et 12 c. 1/2

14° GRANDES CARTES MURALES, à l'usage des classes, de seize ou vingt feuilles grand raisin, enluminées à teintes plates.

FRANCE muette. 7 fr. 50 c.

FRANCE écrite. 9 fr. » c.

EUROPE muette. 7 fr. 50 c.

EUROPE écrite. 9 fr. » c.

ASIE écrite. 10 fr. » c.

AFRIQUE écrite. 10 fr. » c.

AMÉRIQUE écrite. 12 fr. » c.

MAPPEMONDE muette. 10 fr. » c.

MAPPEMONDE écrite. 12 fr. » c.

ITALIE et GRÈCE ANCIENNE. 10 fr. » c.

PALESTINE, avec la terre de Chanaan avant l'arrivée des Israélites, la route des Israélites dans le désert, et un plan de Jérusalem. 10 fr. » c.

EMPIRE ROMAIN. 10 fr. » c.

Questionnaire et exercice sur chaque carte, in-18, broché. » fr. 50 c.

15° PETITES CARTES MURALES écrites.

MAPPEMONDE, 8 feuilles grand raisin. 6 fr. » c.

EUROPE, 4 feuilles jésus. 4 fr. 50 c.

FRANCE, 4 feuilles jésus. 4 fr. 50 c.

Imprimerie de Gustave Gratiot, 11, rue Mazarine.

www.ingramcontent.com/pod-product-compliance
Ingram Content Group UK Ltd.
Pitfield, Milton Keynes, MK11 3LW, UK
UKHW022140190726
13855UKWH00003B/1257

9 782013 097987